曹薰铉、李昌镐精讲围棋系列

李昌镐 围棋研究室 —— 编著

精讲围棋死活①

化学工业出版社

·北京·

图书在版编目（CIP）数据

精讲围棋死活 . 1 / 李昌镐围棋研究室编著 . —北京 : 化学
工业出版社，2020.10

（曹薰铉、李昌镐精讲围棋系列）

ISBN 978-7-122-34711-4

Ⅰ . ①精… Ⅱ . ①李… Ⅲ . ①死活棋 (围棋) Ⅳ . ① G891.3

中国版本图书馆 CIP 数据核字 (2020) 第 145361 号

责任编辑：史 懿　　　　　　　　　　　　　装帧设计：刘丽华
责任校对：刘曦阳

出版发行：化学工业出版社（北京市东城区青年湖南街 13 号　邮政编码 100011）
印　　装：大厂聚鑫印刷有限责任公司
710mm×1000mm 1/16　印张 12　字数 180 千字　2020 年 10 月北京第 1 版第 1 次印刷

购书咨询：010-64518888　　售后服务：010-64518899
网　　址：http://www.cip.com.cn
凡购买本书，如有缺损质量问题，本社销售中心负责调换。

定　价：49.80 元　　　　　　　　　　　　　　版权所有 违者必究

职业棋手在下每一手棋时，对其以后的各种变化都会经过仔细的计算。他们将每一变化在脑海里像放电影似的反复演示，并判断出最佳下法，之后才会在棋盘上落子。

但业余棋手，尤其是初学围棋的人下棋时，虽紧紧盯着棋盘，眼中却没有这手棋以后的变化，只是一味地将棋子下在棋盘上。他们行棋的速度很快，所关心的也只是谁输谁赢。养成这种习惯，对提高棋力绝对有害无益。

因此在下每一手棋时，都应认真考虑对方会如何应付，而自己接下来又该怎样下，这样的思考方式非常重要。这种在脑海中分析以后各种变化的能力，就是人们经常提到的计算能力。

每当有人问我"如何才能提高围棋水平"时，我总是回答"培养计算能力是提高棋力的捷径"。而经常接触死活问题，又是培养计算能力的最好方法。初学围棋者在解答那些普通死活题时，由于往往事先就知道了正确答案，因此成效不大。只有在不知道正确答案的前提下，通过对每一问题中各种变化的充分分析，才能起到事半功倍的作用。

《精讲围棋死活》题目的难度逐步提升，大体上以每两册为一个台阶，分为初、中、高三个层次。做题时，应尽量凭自己的计算认真解答，而不要着急翻看答案。通过解题，您会发现，自己的棋力在不知不觉中提高了许多。

李昌镐

2020 年 8 月

前言

围棋是中国的国粹，它能启发智力，开拓思维，是一项非常有益的修身养性的娱乐活动。成人通过学习围棋，可以培养自己良好的心境和大局观；儿童通过学习围棋，可以培养耐心，提高注意力，锻炼独立思考能力，挖掘思维潜能。学习围棋对课业学习也有十分明显的帮助。

那么如何学习围棋？如何学好围棋？什么样的围棋书才能更有针对性地提升棋艺水平？

韩国棋手曹薰铉、李昌镐不仅是韩国围棋的代表人物，在国际棋界也有举足轻重的地位。我们经与曹薰铉、李昌镐本人直接接洽，使得本系列书得以顺利出版。

本系列书包括定式、布局、棋形、中盘、对局、官子、死活、手筋共8个主题，集曹薰铉、李昌镐成长经验和众多棋手的智慧于一体，使用了韩国职业棋手的大量一手资料，其难度贯穿了围棋入门、提高、实战和入段等各个阶段，内容覆盖了实战围棋各个方面，是非常系统且透彻的围棋自学读物。

《精讲围棋死活》每册收录了各类死活问题120余道。从棋形急所、做眼破眼要点、手筋应用、行棋次序等方面，锻炼读者的计算能力，重视死活问题第一手棋的行棋方向，强调实战技巧。

本书由陈启等承担资料翻译、整理工作，由石心平、范孙操负责稿件审校，并得到曹薰铉、李昌镐围棋研究室众多成员的大力协助，在此对他们的辛勤劳动表示诚挚的感谢。

衷心希望广大围棋爱好者能通过学习本书迅速提高棋力，并由此享受围棋带来的快乐。

编著者
2020 年 7 月

目录

上篇

做活

初学者做死活题，往往会困于非净活即净杀的认识中，殊不知双活和劫活（劫杀）都是最常见的实战结果。做活时能够下成净活固然最好，但双活和打劫有时也是最佳选择。其中先手双活或先手劫，比后手又更优。因此我们在解死活题时，应以双方的最佳应手为最终正解。

问题 1 ▶▶

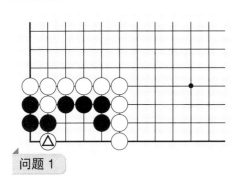

问题 1

黑先。我们首先从简单的问题开始。在本题中，黑棋面对白△一子，应如何做活？如果被白△迷惑，黑棋很可能会失败。同时黑棋还应该牢记，双活也是活棋的一种形式。

问题 2 ▶▶

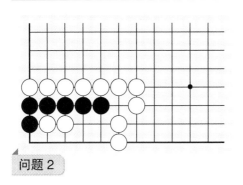

问题 2

黑先。黑白双方常在角上下成本图的棋形，请问黑棋面对这个相对复杂的棋形应如何做活？利用对方不入气而做活的一种方法叫"胀死牛"，不妨尝试一下。

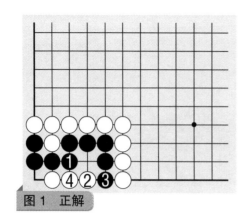

图1 正解

问题1 解说

图1 正解

黑1接是沉着冷静的好棋。白2透点时，黑3切断白棋，白4接，黑棋是先手双活。

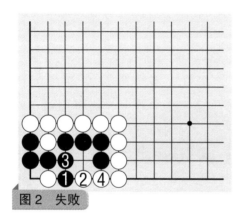

图2 失败

图2 失败

黑1虎是轻率之举，白2、4后，白棋即可简单地吃住黑棋。

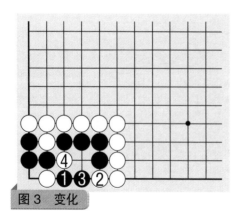

图3 变化

图3 变化

图2中的白2如果改为本图中的白2冲，白棋同样可以吃住黑棋。黑3挡看似可行，但白棋有白4双倒扑的严厉手段。

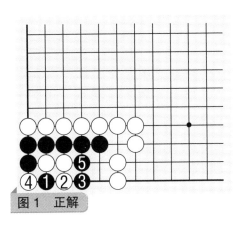

图1 正解

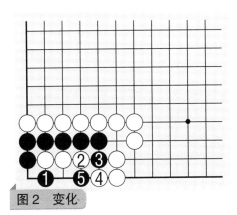

图2 变化

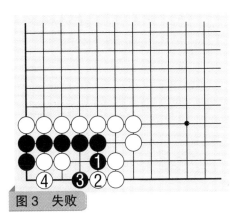

图3 失败

问题2 解说

图1 正解

黑1是做活的急所，白2时，黑3、5收气。黑棋的这种做活方法就叫"胀死牛"。

图2 变化

黑1时，白2如果谋求与右边联络，黑3后有黑5倒扑的手段，结果仍是黑棋净活。

图3 失败

黑1挡错误，白2、4之后，黑棋不活。其中白2直接下在4位也可成立。

问题 3 ▶▶

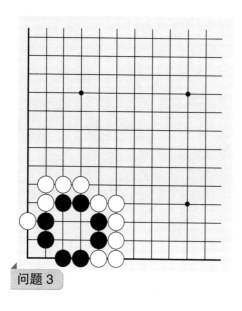

问题 3

黑先。在本题中，黑棋如能发现防止对方双打吃的方法，即已找到了做活的钥匙，其后由于黑棋可以在两个要点中必得其一，因而可以确保两只眼。请问黑棋应如何下？

问题 4 ▶▶

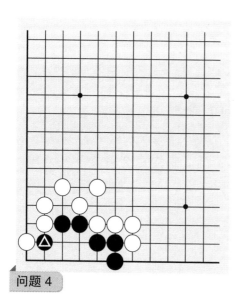

问题 4

黑先。在本题中，黑△一子如果被白棋吃掉，黑棋将整块全死。同时如果黑棋的连接方法不对，黑棋也不活。那么请问黑棋应如何选择？

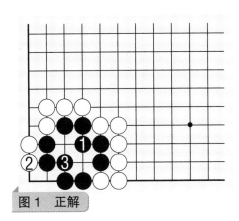

图 1　正解

问题 3　解说

图 1　正解

黑 1 接是防白双打吃的好手，其后 2 位和 3 位黑棋必得其一。

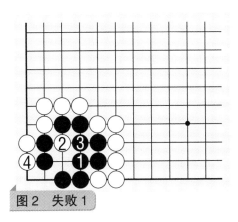

图 2　失败 1

图 2　失败 1

黑 1 接是一厢情愿的下法，其意图是希望白棋下 4 位，黑棋即可下 2 位做活。但实际上白 2 打后再白 4 爬，黑棋不活。

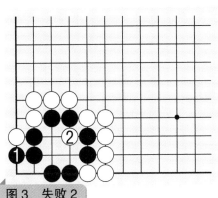

图 3　失败 2

图 3　失败 2

黑 1 挡，没有发现白棋有双打吃手段，初学者经常会犯这样的错误。白 2 打吃后，黑棋后悔晚矣。

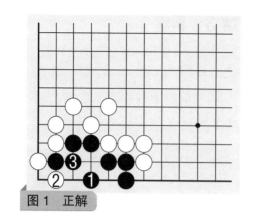

图 1 正解

问题 4 解说

图 1 正解

黑 1 尖补是确保两只眼的急所，白 2 打吃，黑 3 接即可做活。白 2 如果下在 3 位，黑棋 2 位下立即可。

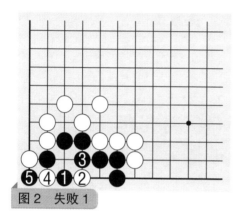

图 2 失败 1

图 2 失败 1

黑 1 虎虽是第一感觉，但白棋有白 2 的严厉手段，结果黑棋无法避免下成打劫活。与正解相比，黑棋不满意。

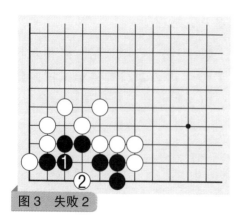

图 3 失败 2

图 3 失败 2

黑 1 单接是初学者经常出现的下法，白 2 点后，黑棋已不活。这是黑棋最坏的结果。

问题 5 ▶▶

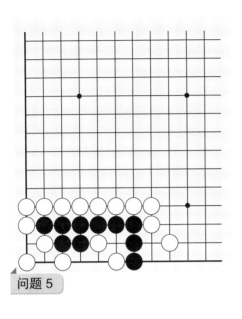

问题 5

黑先。本题虽很简单，但也需要一些技巧，第一手棋是关键。请问黑棋应如何选择？

问题 6 ▶▶

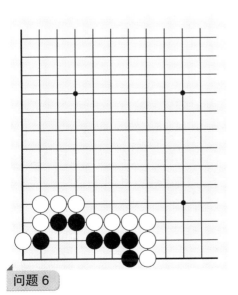

问题 6

黑先。在解本题时一定要注意黑棋外气均已被收紧的特点，另外请勿将此题与问题 4 相混。请问黑棋应怎样下？

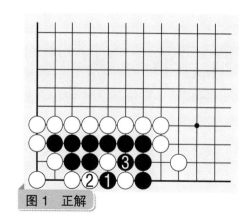

图1　正解

问题5　解说

图1　正解

黑1扑，白2只有提，黑3再打吃，由于白棋接不归，黑棋可活。

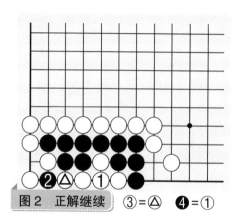

图2　正解继续　③＝△　❹＝①

图2　正解继续

白1如果接上，黑2提五子，此时白棋在1位点显然不行。结果白3反提一子，黑4做出两只眼。

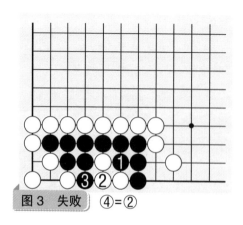

图3　失败　④＝②

图3　失败

黑1直接打吃显然无谋，白2接之后，黑棋已不活。黑3虽能提三子，白4点眼即可杀黑棋。

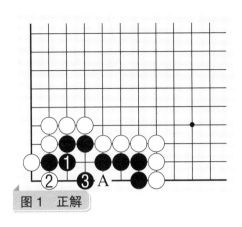

图 1 正解

问题 6　解说

图 1　正解

　　黑 1 单接是冷静的好棋，白 2 扳时，黑 3 即可做活。白 2 如果下在 3 位，黑棋在 A 位做眼可行。

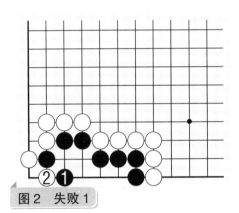

图 2　失败 1

图 2　失败 1

　　黑 1 虎看似可行，但被白 2 抛劫后，黑棋只能下成打劫活。

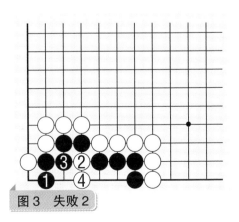

图 3　失败 2

图 3　失败 2

　　黑 1 下立，白 2 打、4 立严厉，此处成"金鸡独立"，黑棋不活。

问题 7 ▶▶

黑先。针对白△的点，黑棋如何做活？

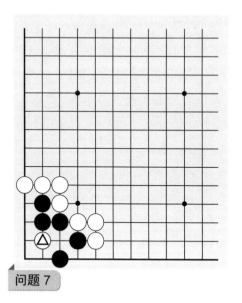

问题 7

问题 8 ▶▶

黑先。在本题中，黑棋必须冷静应对。黑棋应怎样下？

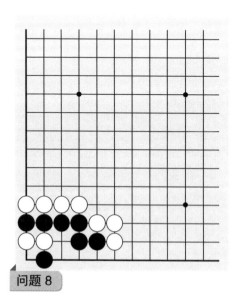

问题 8

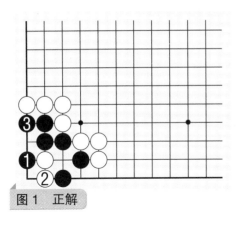

图 1　正解

问题 7　解说

图 1　正解

黑 1 扳，白 2 下立，黑 3 挡，黑棋可以做活。

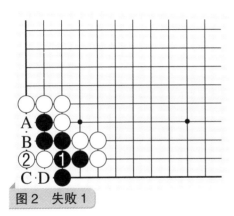

图 2　失败 1

图 2　失败 1

黑 1 接缺乏思考，白 2 下立，或白棋下在 A、B、C、D 中任一位置，结果都是黑棋净死。

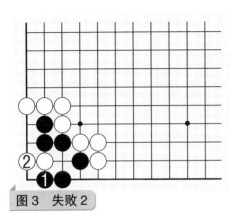

图 3　失败 2

图 3　失败 2

黑 1 方向有误，白 2 下立后，黑棋不活。

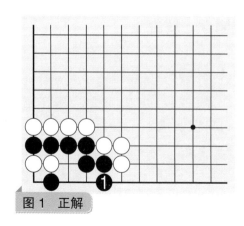

图 1　正解

问题 8　解说

图 1　正解

黑 1 下立，最大限度地拓展空间，是本题中唯一可以做活的急所。

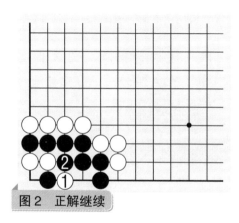

图 2　正解继续

图 2　正解继续

白 1 如果打吃，黑 2 反打即可。

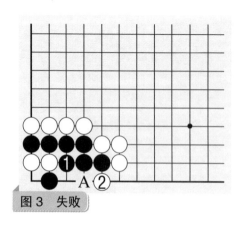

图 3　失败

图 3　失败

黑棋如果未经深思，很可能下成本图中的黑 1 打吃，结果白 2 扳后，黑棋必死。黑棋不能于 A 位挡很痛苦。

问题9 ▶▶

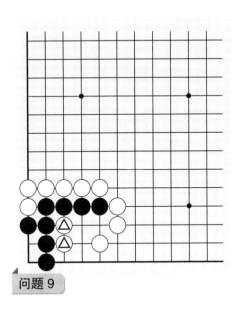

问题9

黑先。在本题中黑棋只有一个眼，如要做活，办法只有一个，即吃掉白△二子。请问黑棋应如何下？

问题10 ▶▶

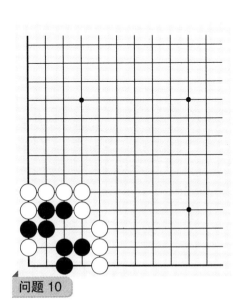

问题10

黑先。在本题中，黑棋如果太过急于做成一只眼，将会招致失败。请问黑棋如何才能做活？

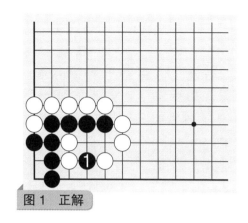

图 1　正解

问题 9　解说

图 1　正解

黑 1 挖是做活的妙手。如能一眼就看出这手棋，说明您的基本功较扎实。

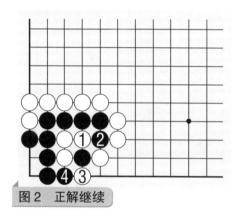

图 2　正解继续

图 2　正解继续

白 1 打吃黑一子，黑 2、4 可以滚打白棋，结果白棋接不归。

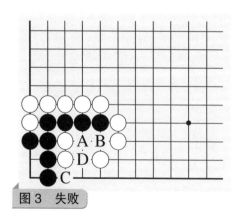

图 3　失败

图 3　失败

黑棋除正解中的下法之外，别无他策。不管下在本图中的 A 位、B 位还是 C 位，白 D 位连接之后，黑棋均不可能活。

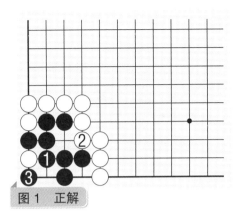

图 1 正解

问题 10 解说

图 1 正解

黑 1 打是冷静的好手，白 2 破眼时，黑 3 提子即可做活。白 2 如果下在 3 位，黑棋下在 2 位活得更大。

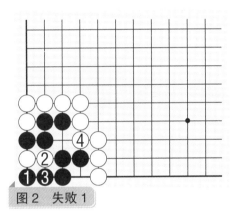

图 2 失败 1

图 2 失败 1

黑 1 看似可行，但白 2 长严厉，以下至白 4，黑棋净死。

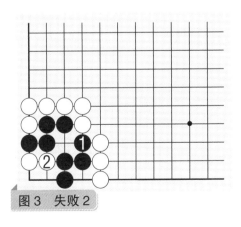

图 3 失败 2

图 3 失败 2

黑 1 团眼操之过急，被白 2 打后，黑棋必死。

问题 11 ▶▶

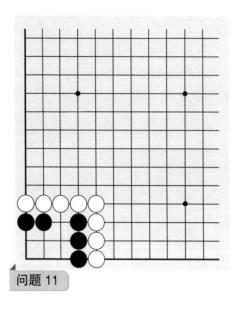

问题 11

黑先。在本题中，黑棋如果贪图活得更大一点，结果会适得其反。其实只要黑棋占得急所，即可确保活棋。请问做活的急所在哪里？

问题 12 ▶▶

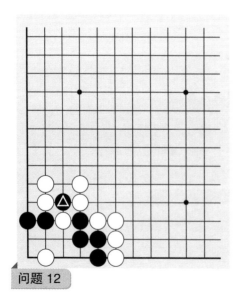

问题 12

黑先。黑棋在本题中既要利用黑▲一子，又不能受它的负面影响，否则会导致失败。还应该指出，打劫活的结果是不能令人满意的。请问黑棋应该如何下？

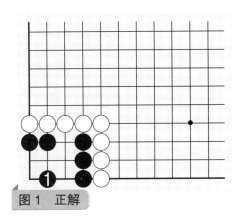

图 1　正解

问题 11　解说

图 1　正解

黑 1 在一路补是妙手，有了此手棋后，黑棋即可净活。

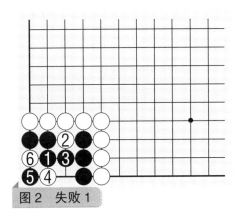

图 2　失败 1

图 2　失败 1

黑 1 弯的效果不及正解，白 2 至白 6 后，黑棋只能下成打劫活。

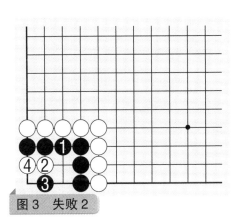

图 3　失败 2

图 3　失败 2

黑 1 接不成立，白 2 点极其严厉，至白 4，黑棋净死。

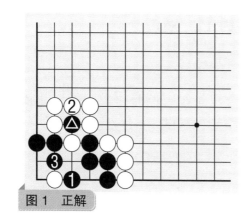

图 1 正解

问题 12　解说

图 1　正解

黑 1 尖顶，充分利用黑△一子，是巧妙的手法。白 2 提时，黑 3 顶，黑棋净活。

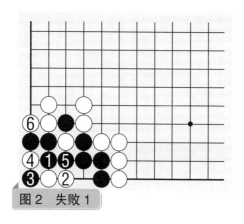

图 2　失败 1

图 2　失败 1

黑 1 弯不好，白 2 长是急所，以下至黑 5，黑棋只能下成打劫活。

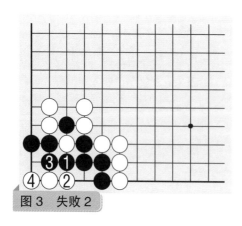

图 3　失败 2

图 3　失败 2

黑 1 提子，全然不计后果，白 2、4 之后，下成"盘角曲四"。稍具常识的人都知道，"盘角曲四"是死棋。

问题 13 ▶▶

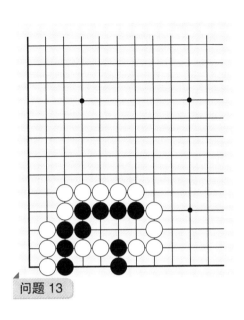

黑先。初看黑棋的生存空间不够，其实并不然。求活并非全都要有两只眼，还有其他方式。黑棋应怎样下？

问题 13

问题 14 ▶▶

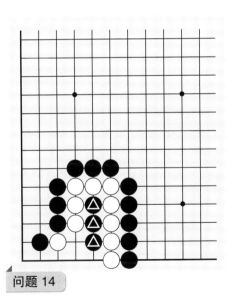

白先。白棋如果一味去吃黑△三子，那么只能下成"直三"，肯定不能活。白棋应如何选择？

问题 14

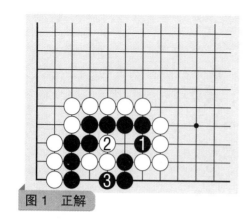

图1 正解

问题 13 解说

图1 正解

黑1挡是唯一可行的下法，白2时，黑3弯非常重要，结果下成双活。

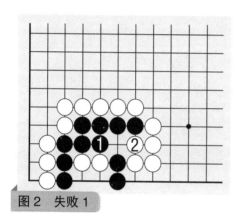

图2 失败1

图2 失败1

黑1是失败之举，白2当然破眼，结果黑棋不活。

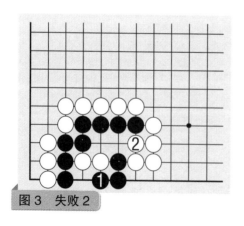

图3 失败2

图3 失败2

黑1先弯同样不行，白2即可简单杀黑棋。由此可见2位急所的作用。

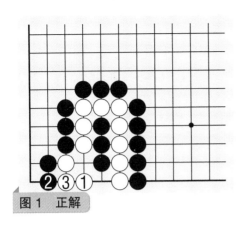

图1 正解

问题 14　解说

图 1　正解

　　白1倒尖是极其巧妙的下法，黑2下立时，白3团住，白棋可以下成双活。

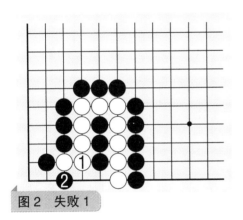

图2　失败1

图 2　失败 1

　　白1打吃，被黑2扳后，白棋不活。

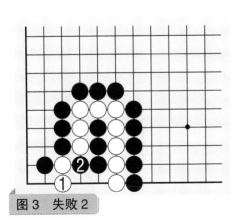

图3　失败2

图 3　失败 2

　　白1下立，黑2断打，白棋束手就擒。

问题 15 ▶▶

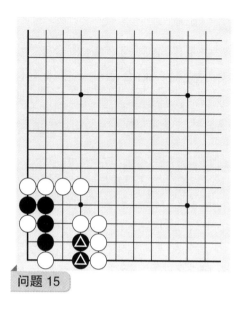

黑先。黑⚫二子如果被白棋吃掉，黑棋肯定无法做活。那么黑棋的最佳下法是什么？

问题 15

问题 16 ▶▶

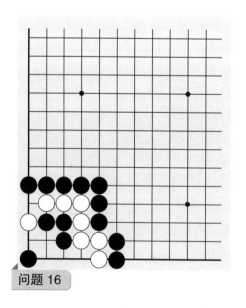

白先。在本题中白棋应该格外小心，否则很可能会下成不入气的局面。其实双活也是一种活棋方法。白棋的最佳下法是什么？

问题 16

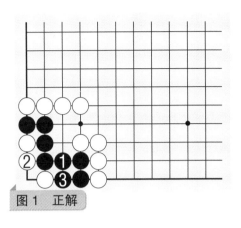

图 1 正解

问题 15 解说

图 1 正解

黑 1 接是冷静的好棋，白 2 时，黑 3，黑棋可用"胀死牛"的方法做活。

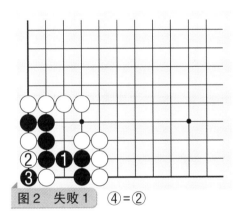

图 2 失败 1 ④＝②

图 2 失败 1

黑 1、白 2 时，黑 3 提过于轻率，白 4 后，下成"盘角曲四"，黑棋不活。

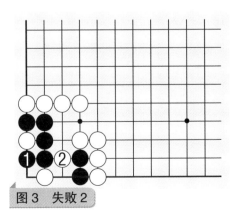

图 3 失败 2

图 3 失败 2

黑 1 提是不负责任的下法，白 2 挖后，黑棋只能束手就擒。

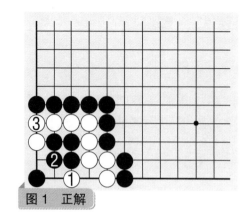

图 1　正解

问题 16　解说

图 1　正解

　　白 1 打，其后白 3 接，是冷静的行棋次序，同时也是唯一的做活方法。

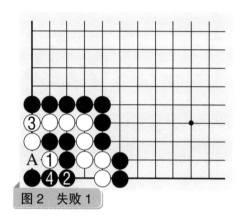

图 2　失败 1

图 2　失败 1

　　白 1 打吃，方向完全错误，黑 2、4 之后，白棋 A 位不入气。

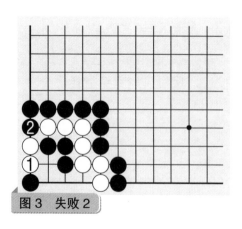

图 3　失败 2

图 3　失败 2

　　白 1 太过随手，黑 2 打吃，白棋立即死亡。

问题 17 ▶▶

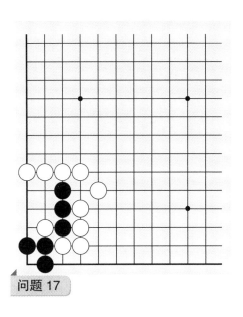

问题 17

黑先。黑棋在角上已有一只眼，现在面临的问题是如何吃住白棋一子，做出另一只眼。黑棋应下在哪儿？

问题 18 ▶▶

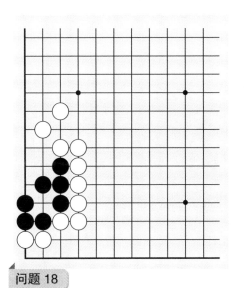

问题 18

黑先。本题是基本的死活问题，需要围棋爱好者一眼就能发现关键所在，并只用一手棋来解决。黑棋应下在哪儿？

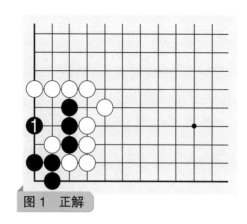

图1 正解

问题 17 解说

图 1 正解

黑 1 单跳是做活的急所，白棋一子动弹不得。

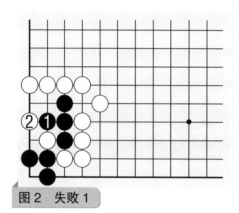

图2 失败1

图 2 失败 1

黑 1 直接打吃过于轻率，白 2 后，黑棋即使提一子也只是假眼。

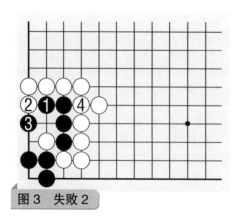

图3 失败2

图 3 失败 2

黑 1 挡更是贪心，白 2 冲，黑 3 挡，白 4 吃接不归。

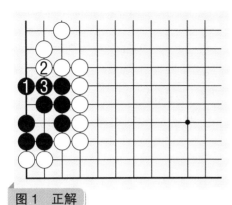

图1　正解

问题 18　解说

图1　正解

　　黑1尖是做出另一只眼的急所，白2时，黑3团住即可。

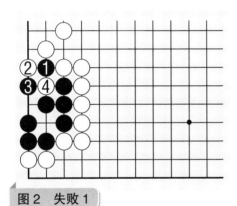

图2　失败1

图2　失败1

　　黑1无非是想活得更大一些，但被白2打后，黑棋只能下成打劫活。

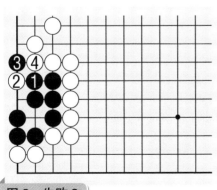

图3　失败2

图3　失败2

　　黑1是初学者经常下的棋，白2、4是基本杀法。

问题 19 ▶▶

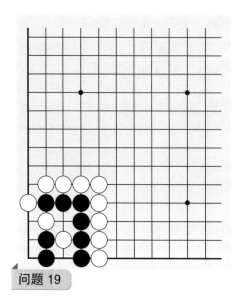

问题 19

黑先。在本题中，黑棋只要能发现第一手棋，其后的进行就很简单了。黑棋应如何选择？

问题 20 ▶▶

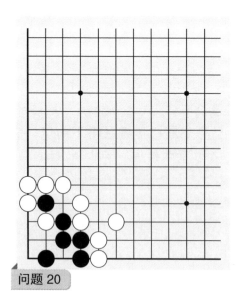

问题 20

黑先。在本题中，黑棋如果将问题过于简单化，很可能会下成打劫活。请问黑棋应该如何选点？

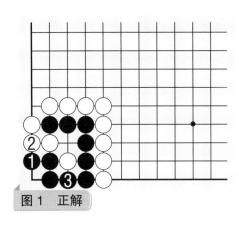

图 1　正解

问题 19　解说

图 1　正解

黑 1 先做出一只眼非常重要，白 2 后黑 3 打吃，白一子接不归。

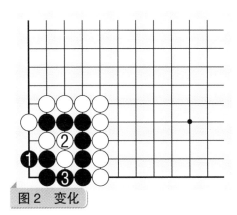

图 2　变化

图 2　变化

黑 1 时，白 2 如果接一子，黑 3 同样打吃，白棋损失更大。

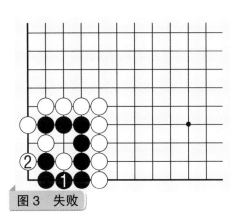

图 3　失败

图 3　失败

黑 1 先打吃错误，白 2 虎后，黑棋只有一只眼。

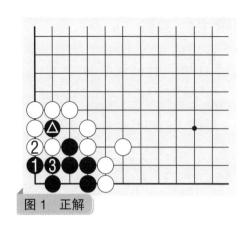

图1 正解

问题 20 解说

图 1 正解

黑1尖，充分利用已被白棋吃住的黑△一子，以下至黑3，黑棋净活。

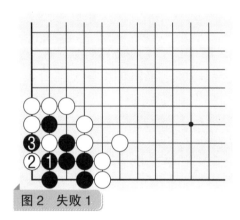

图2 失败1

图 2 失败 1

黑1打吃，希望白棋下3位或提子，黑棋再在2位做眼。但白棋有白2做劫的手段，黑棋失败。

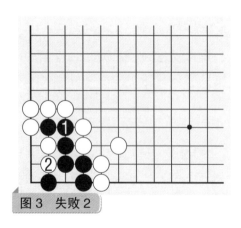

图3 失败2

图 3 失败 2

黑1接是不负责任的下法，白2打吃，即可全部吃住黑棋。

问题 21 ▶

黑先。在本题中，黑棋生存的空间不足，但并非没有出路。第一手棋是关键。黑棋应下在哪儿？

问题 21

问题 22 ▶

黑先。在本题中，对黑棋来说有两点可以选择，即 A 点和 B 点。正解到底是哪一个呢？黑棋如下成打劫活，就意味着失败。

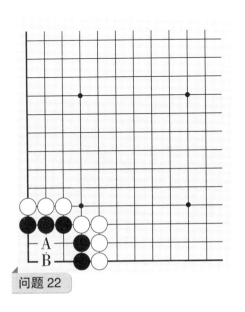

问题 22

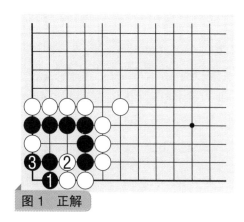

图1 正解

问题 21 解说

图1 正解

黑1挡是好棋，其后黑棋3位和2位必居其一。白2时，黑3做眼，黑棋活。白2如下在3位，黑则下在2位，黑棋同样可活。

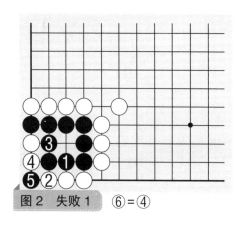

图2 失败1 ⑥=④

图2 失败1

黑1挡方向错误，白2爬，黑3做眼，白4退，黑5提，白6打二还一，结果黑棋不活。

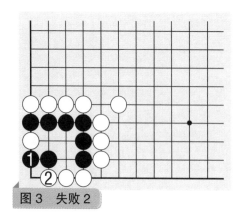

图3 失败2

图3 失败2

黑1明显没有掌握做活一块棋的要素，既没有足够的做活空间，又没有做成基本活棋的棋形，被白2简单破眼后，黑棋只有死路一条。

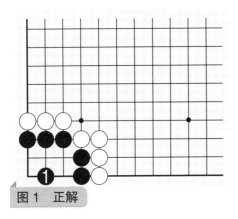

图 1　正解

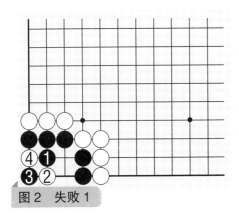

图 2　失败 1

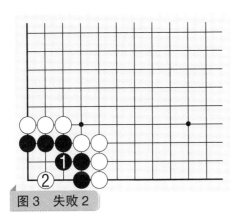

图 3　失败 2

问题 22　解说

图 1　正解

黑 1 是唯一的做活要点。占据这个要点后，白棋就无计可施了。

图 2　失败 1

黑 1 看似要点，但被白 2 突袭后，黑棋困难，唯一的选择是用黑 3 做劫。

图 3　失败 2

黑 1 单接，是对围棋死活缺少基本了解的下法，被白 2 点后，黑棋净死。

问题 23 ▶▶

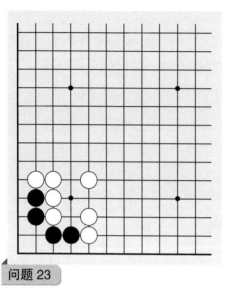

黑先。本题中的二路一线有两个点，请问黑棋做活的要点是其中的哪一个？

问题 23

问题 24 ▶▶

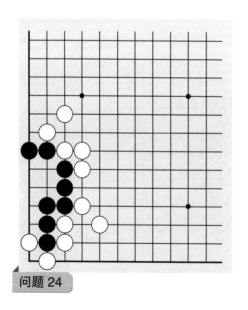

黑先。本题是基本死活题之一。黑棋如何做活？其要点在哪里？

问题 24

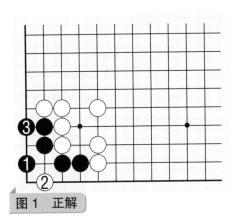

图1　正解

问题23　解说

图1　正解

黑1是正确的选择，白2点时，黑3可以做眼。白2如果下在3位，黑棋下在2位即可。

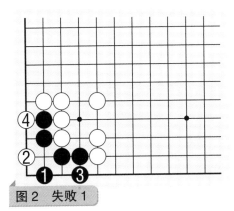

图2　失败1

图2　失败1

黑1方向错误，其后白2、黑3，看似与正解相似，但白棋有白4渡过的严厉手段，黑棋无法活。

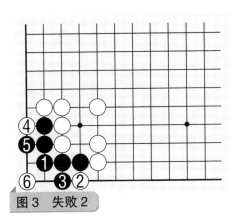

图3　失败2

图3　失败2

黑1接，计算能力不足，白2至白6之后，黑棋只有一只眼。而且白2下在4位或6位都可以净杀黑棋。

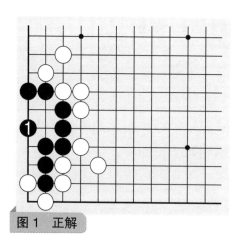

图 1　正解

问题 24　解说

图 1　正解

黑 1 是一手棋即可做活的急所。类似这样的基本要点，大家一定要熟记。

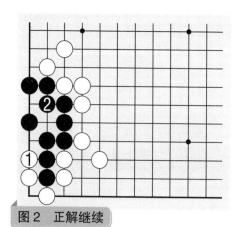

图 2　正解继续

图 2　正解继续

其后白 1 时，黑 2 即可做成两只眼。白 1 如果下在 2 位，黑棋下在 1 位，黑棋活得更大。

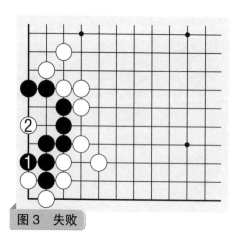

图 3　失败

图 3　失败

黑 1 挡坏棋，白 2 点后，黑棋净死。

问题 25 ▶▶

黑先。本题的要领与问题 24 相似，在这类棋形中，不论是边还是角，其做活方法都差不多。黑棋应怎样下？

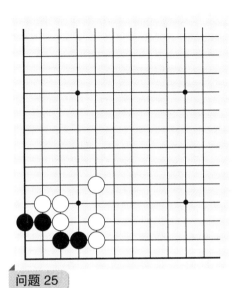

问题 25

问题 26 ▶▶

黑先。在本题中，黑棋的生存空间已被限死，那么黑棋如何才能确保两只眼呢？

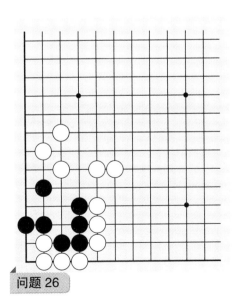

问题 26

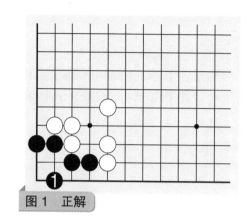

图 1　正解

问题 25　解说

图 1　正解

黑 1 是黑棋做活的唯一急所，类似的问题已出现过。

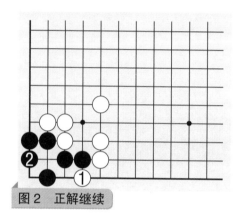

图 2　正解继续

图 2　正解继续

其后白 1 扳，黑 2 已做出两只眼。白 1 如果在 2 位点，黑棋下在 1 位，黑棋同样是活棋。

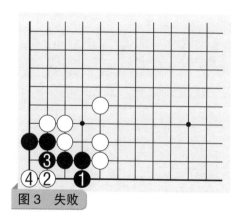

图 3　失败

图 3　失败

黑 1 下立，好像是最大限度地拓展生存空间，但在本题中被白 2 点后，黑棋不活。

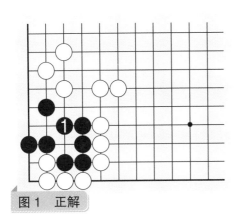

图1 正解

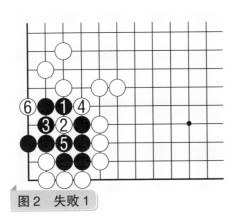

图2 失败1

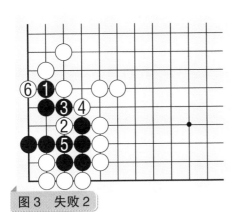

图3 失败2

问题 26　解说

图1　正解

黑1是确保两只眼的唯一下法，其他任何下法都不行。

图2　失败1

黑1挡，白2点，以下至白6，黑棋不活。

图3　失败2

黑1看起来挺好，但被白2点后，黑棋同样不活。由此可见，2位是本题黑白双方必争的急所。

问题 27 ▶▶

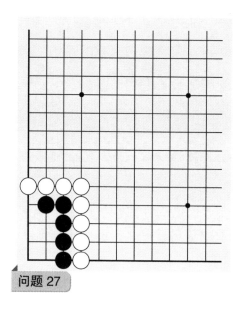

问题 27

黑先。在本题中，黑棋是最大限度地扩展生存空间，还是选择占据要点？这一选择将决定黑棋的命运。

问题 28 ▶▶

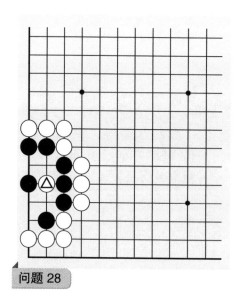

问题 28

黑先。白△一子所处的位置比较怪，黑棋应该如何做活？

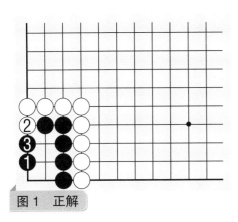

图1　正解

问题 27　解说

图1　正解

黑1是做活的急所，此处也正是围棋格言中所说的"二路一线必是急所"。白2时，黑3挡，黑棋即活。

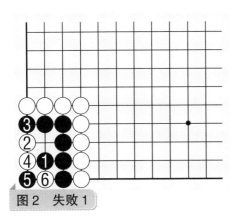

图2　失败1

图2　失败1

黑1同样是围棋中做活的常见下法，但在本题中却意味着失败。白2以下至白6，黑棋下成打劫活。

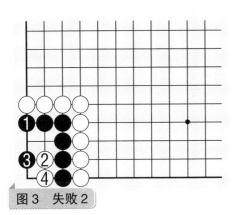

图3　失败2

图3　失败2

黑1挡，想让自己的生存空间更大一点，却招来黑棋最坏的结果。白2点非常严厉，以下至白4，黑棋不活。

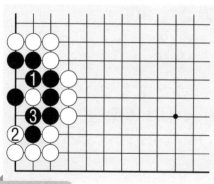

图1　正解

问题 28　解说

图1　正解

黑1既防白双叫吃，又确保自己做活。白2爬时，黑3提一子，黑棋已活出。

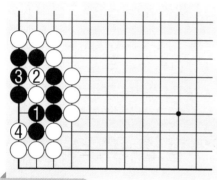

图2　失败1

图2　失败1

黑1换方向打吃，白2可以先手破眼，至白4，黑棋净死。

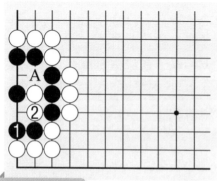

图3　失败2

图3　失败2

黑1挡无理，白2双叫吃或白A双叫吃，结果都是黑棋净死。

问题 29 ▶▶

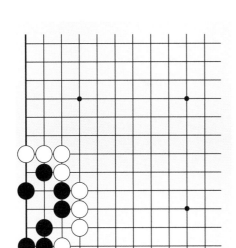

问题 29

黑先。在本题中，黑棋的生存空间并不充足，请问哪一位置是黑棋做活的急所？

问题 30 ▶▶

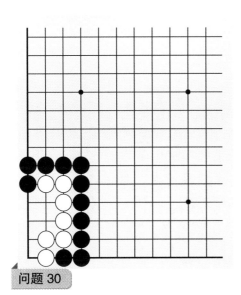

问题 30

白先。在本题中，白棋切忌过于轻率，否则将招致大祸。如果下成打劫活，对白棋来说便意味着失败。请问白棋应如何选点？

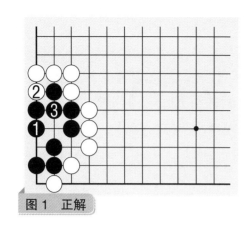

图1 正解

问题 29 解说

图1 正解

黑1是确保两只眼的唯一下法，白2时，黑3接即可。

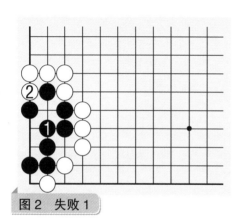

图2 失败1

图2 失败1

黑1看似可做成两只眼，但被白2打吃后，黑棋只有一只眼。

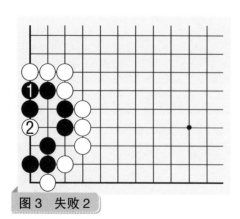

图3 失败2

图3 失败2

黑1完全是不计后果的下法。如果在实战中下出这样的棋，围棋水平很难提高。白2打后，黑棋已必死无疑。

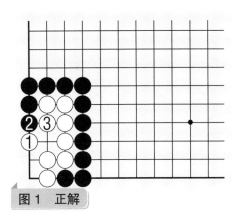

图 1 正解

问题 30　解说

图 1　正解

白 1 是不易被人发现的做活要点，有了这手棋后，黑棋已无手段。

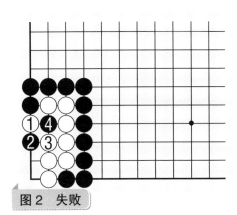

图 2 失败

图 2　失败

白 1 挡，其心情可以理解，但被黑 2 打后，白 3 只能做劫。

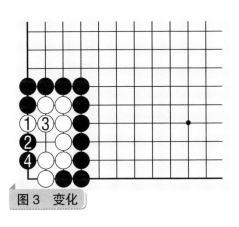

图 3 变化

图 3　变化

白 1、黑 2 时，白 3 接更不可行，黑 4 一长，白棋已死。

问题 31 ▶▶

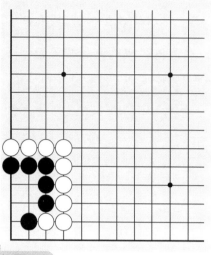

黑先。在本题中，黑棋生存的空间比较充分，那么黑棋应该怎样做活呢？

问题 31

问题 32 ▶▶

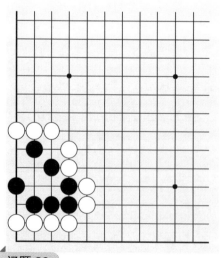

黑先。在本题中，黑棋只有最大限度地拓展自己的生存空间，才能确保做出两只眼。黑棋应怎样下？

问题 32

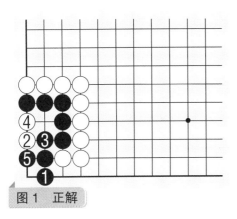

图 1　正解

问题 31　解说

图 1　正解

黑 1 下立，最大限度地扩展自己的生存空间，至黑 5 即可净活。

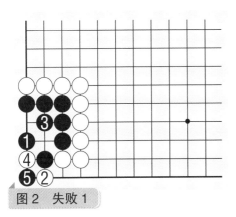

图 2　失败 1

图 2　失败 1

黑 1 虎看似急所，但被白 2 扳后，至黑 5，只能下成打劫活。

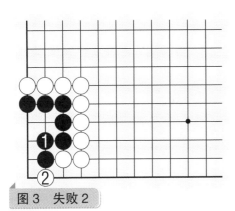

图 3　失败 2

图 3　失败 2

黑 1 接是缺乏思考的下法，白 2 扳后，黑棋净死。

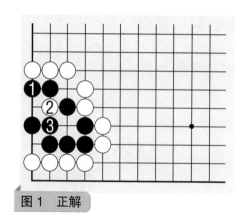

图 1 正解

问题 32 解说

图 1 正解

黑 1 挡，最大限度地拓展空间，是黑棋确保做活的要领。白 2 点时，黑 3 即活。

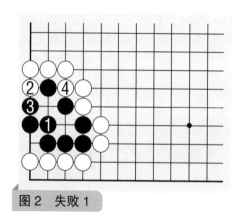

图 2 失败 1

图 2 失败 1

黑 1 匆忙做眼，被白 2、4 破眼后，黑棋不活。

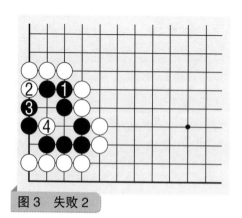

图 3 失败 2

图 3 失败 2

黑 1 对黑棋做活没有任何帮助，白 2 冲或者直接在 4 位点，结果都是黑棋净死。

问题 33 ▶▶

白先。在本题中，白棋确实面临很多选择，但只有抓住问题的关键，才能解决问题。请问白棋应如何选择？

问题 33

问题 34 ▶▶

白先。在本题中，白棋做活的方法好像很多，其实可以无条件净活的方法只有一种。请问白棋应如何下？

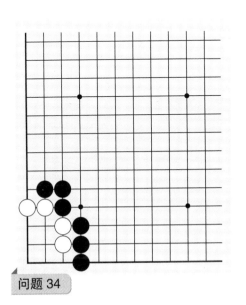

问题 34

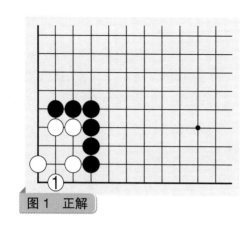

图1　正解

问题 33　解说

图 1　正解

　　角上的二路一线大都是急所，本题也不例外。白1后，白棋已净活。

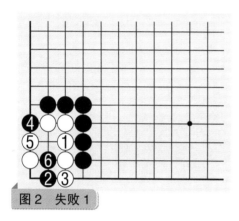

图2　失败1

图 2　失败 1

　　白1挡，被黑2点，以下至黑6，白棋不活。

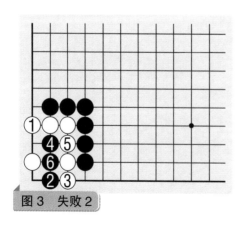

图3　失败2

图 3　失败 2

　　白1下立看似不错，但被黑2点，以下至黑6，白棋不活。

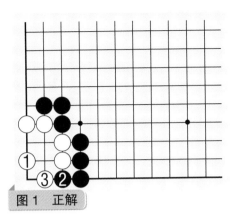

图 1　正解

问题 34　解说

图 1　正解

　　白 1 是确保做活的唯一方法，其后黑 2 冲，白 3 挡，即可净活。

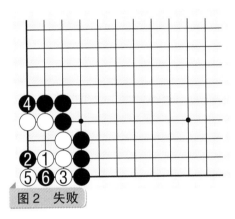

图 2　失败

图 2　失败

　　白 1 看似也可做活，但黑 2 点却非常严厉，结果白棋最多下成打劫活。

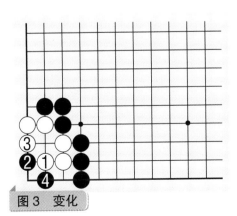

图 3　变化

图 3　变化

　　白 1、黑 2 时，白 3 如果做眼，后果会更坏，至黑 4 扳，白棋净死。

问题 35 ▶▶

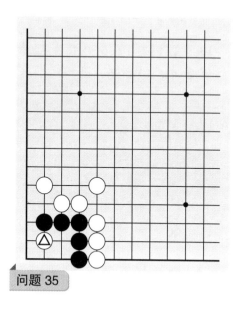

黑先。在本题中，黑棋如何针对白△一子，以确保自己做活？

问题 35

问题 36 ▶▶

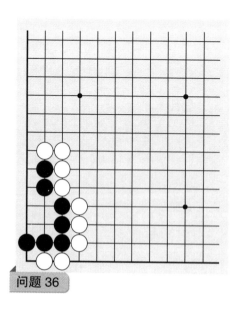

黑先。类似本题的棋形很多。请问黑棋做活的基本方法是什么？

问题 36

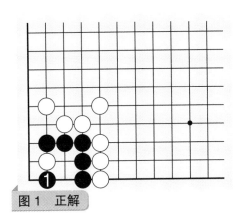

图 1　正解

问题 35　解说

图 1　正解

黑 1 是做活的唯一要点，这也是我们所说的二路一线急所。以下无论白棋下在哪里，黑棋都可以做活。

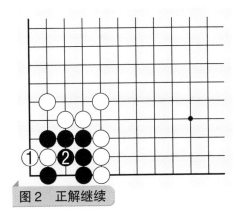

图 2　正解继续

图 2　正解继续

其后白 1 下立，黑 2 做眼，黑棋可以确保自己做活。

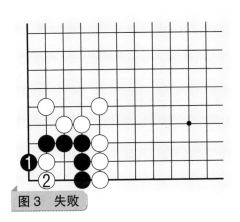

图 3　失败

图 3　失败

本图中的黑 1 虽同样是二路一线急所，但方向错误，白 2 下立后，黑棋已不活。

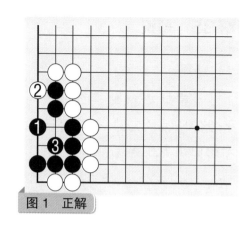

图1 正解

问题 36 解说

图1 正解

黑1虎，其后2位和3位两个要点黑棋必得其一。白2时，黑3即可；白棋下在3位时，黑棋下在2位同样可活。

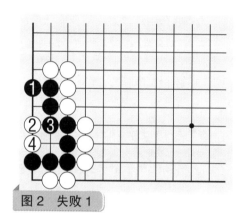

图2 失败1

图2 失败1

黑1下立过贪，白2点极其严厉，至白4，黑棋净死。

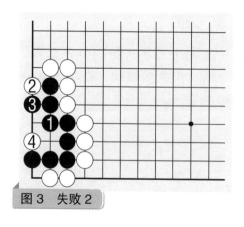

图3 失败2

图3 失败2

黑1空接错误，以下至白4，黑棋不活。如经常下出这样的棋，围棋水平大概很难提高。

问题 37 ▶

黑先。初看本题，黑棋似必死无疑，但只要通过冷静思考，仍有计可施。请问黑棋应如何做活？

问题 37

问题 38 ▶

黑先。黑棋必须退一步做眼，方能确保做活。此问题是掌握角上急所的一种。请问黑棋应如何选择？

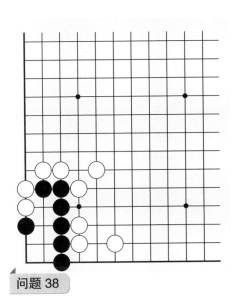

问题 38

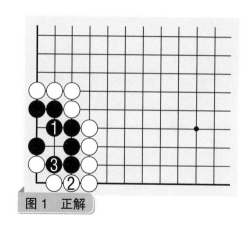

图 1　正解

问题 37　解说

图 1　正解

黑 1 接是冷静的下法，白 2 时，黑 3 团眼，黑棋可活。白 2 如果下在 3 位，黑棋下在 2 位，则双方下成双活。

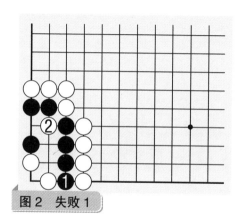

图 2　失败 1

图 2　失败 1

黑 1 切断白棋失误，白 2 打，黑棋不活。

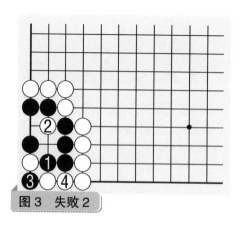

图 3　失败 2

图 3　失败 2

黑 1 同样是错误的下法，白 2 后，黑棋不活。

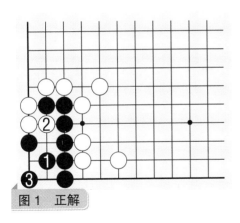

图 1 正解

问题 38 解说

图 1 正解

黑 1 后退一步是唯一正确的下法，此后黑棋在 2 位和 3 位中必得其一，由此可确保做活。

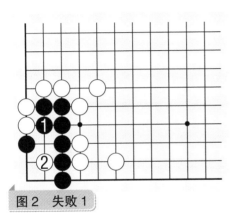

图 2 失败 1

图 2 失败 1

黑 1 挡，白 2 点，黑棋不活。

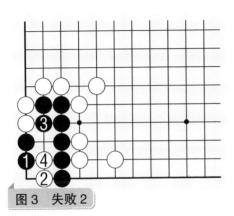

图 3 失败 2

图 3 失败 2

黑 1 貌似急所，但在此时不成立。白 2 点严厉，结果黑棋净死。

问题 39 ▶▶

黑先。在本题中黑棋是拓展自己的做活空间，还是抢占做活要点？只用一手棋就能确定。

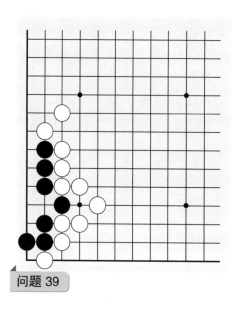

问题 39

问题 40 ▶▶

黑先。本题比较简单，黑棋只要下对急所就可确保做活。请问急所在哪里？

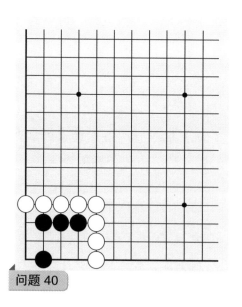

问题 40

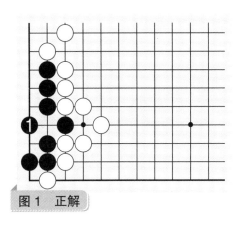

图1 正解

问题 39 解说

图1 正解

黑1是唯一的做活急所，由此可以确保角上有两只眼。

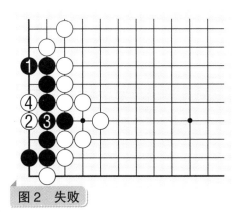

图2 失败

图2 失败

黑1下立，白2点、4长，黑棋不活。

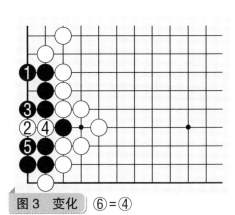

图3 变化 ⑥=④

图3 变化

白2点时，黑3如挡，白4、6是基本的破眼方法，黑棋仍不活。

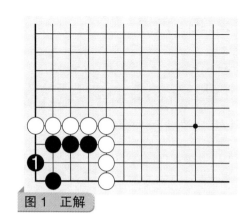

图1 正解

问题 40 解说

图 1 正解

黑1是急所，是确保做活的要点。此后，白棋已无法攻击黑棋。

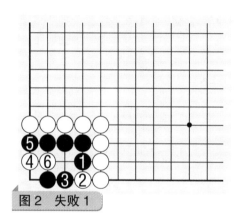

图2 失败1

图 2 失败 1

黑1挡是错误的选择，白2至白6之后，黑棋不活。

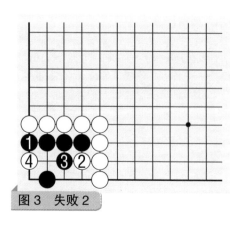

图3 失败2

图 3 失败 2

黑1挡同样是失败之举，白2、4之后，黑棋不活。

问题 41 ▶▶

黑先。不要让白△一子影响了
黑棋的思路。黑棋如何才能确保
做活？

问题 41

问题 42 ▶▶

黑先。在本题中，黑棋先提白
△一子肯定不能活。请问黑棋如何
才能做活？

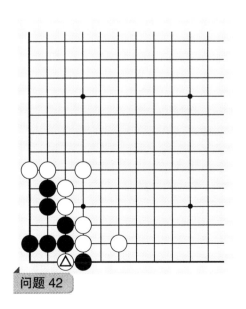

问题 42

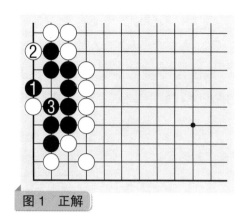

图1 正解

问题 41 解说

图1 正解

黑1尖顶是做活的急所，白2扳时，黑3可以确保两只眼。

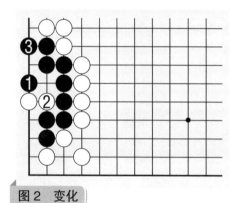

图2 变化

图2 变化

黑1时，白2如果长，黑3下立，即可简单做活。因此，正解中白棋的下法是最佳手段。

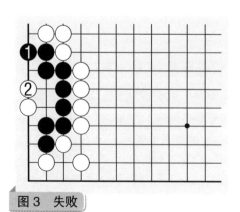

图3 失败

图3 失败

黑1下立，白2破眼是好棋，结果黑棋不活。

问题 42 解说

图1 正解

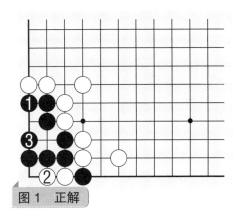

图1 正解

黑1下立是做活的急所，白2如果爬，黑3做眼，黑棋可活。白2如下在3位，黑棋下在2位，黑棋同样可活。

图2 失败1

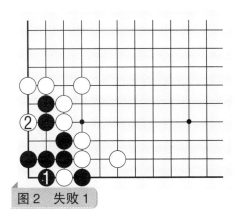

图2 失败1

黑1提子，是未经计算的轻率之举。黑棋虽可确保角上一只眼，但被白2破眼后，黑棋只有一只眼。

图3 失败2

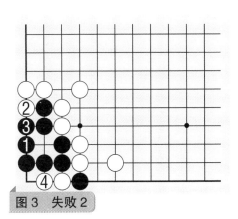

图3 失败2

黑1先做眼，其意是以后只要2位或4位占据其一就可做活，但实际上是计算错误。白2是先手，随后白4再破眼后，黑棋不活。

问题 43 ▶▶

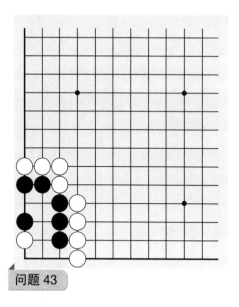

问题 43

黑先。本题的棋形与问题 37 相似，但情况不同。请问黑棋应如何做活？

问题 44 ▶▶

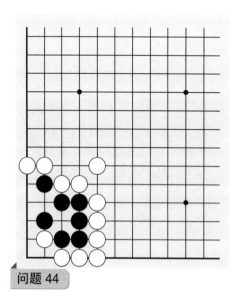

问题 44

黑先。本题中的黑棋已有一只眼，那么黑棋如何下才能确保另一只眼呢？黑棋在选择时应考虑到先手利用的重要性。

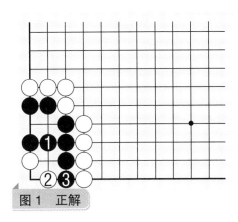

图1 正解

问题 43　解说

图1　正解

黑1是好棋，除此之外，别无他法。其后白2、黑3均是双方的最佳进行，结果双方下成双活。

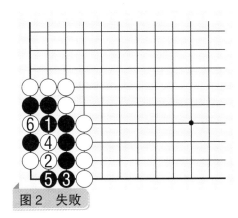

图2 失败

图2　失败

黑1的下法在本题中不成立。白2反击严厉，以下至白6，黑棋下成打劫活。

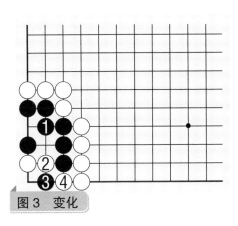

图3 变化

图3　变化

黑1、白2时，黑3如果扳，被白4断，黑棋净死。

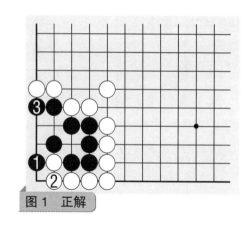

图 1　正解

问题 44　解说

图 1　正解

黑 1 先打是非常重要的，黑 1 先手与白 2 交换之后，黑 3 挡，黑棋即可净活。

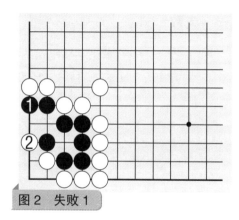

图 2　失败 1

图 2　失败 1

黑 1 先立，明显不行，白 2 扳后，黑棋不活。

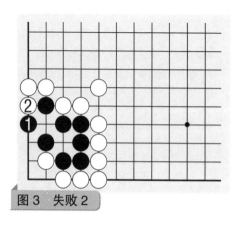

图 3　失败 2

图 3　失败 2

黑 1 做眼不成立，白 2 破眼后，黑棋不活。

问题 45 ▶▶

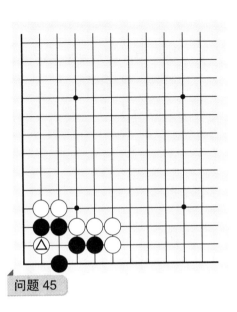

问题 45

黑先。白△夹，准备攻击黑棋。面对目前形势，黑棋如何才能做活？

问题 46 ▶▶

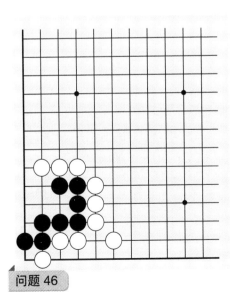

问题 46

黑先。通过前面的问题可以看出，做活的基本方法不外乎是尽可能地拓展生存空间和占据做活要点。那么，黑棋在本题中应该如何做活？

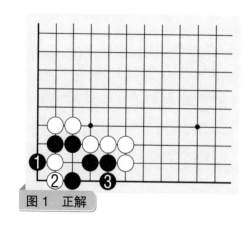

图1 正解

问题45 解说

图1 正解

黑1扳是做活的急所，白2时，黑3下立，黑棋可活。

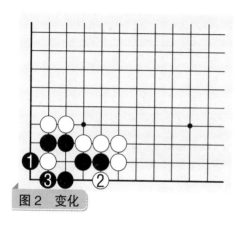

图2 变化

图2 变化

黑1时，白2如果扳，黑3同样可以确保做活。总之2位和3位，黑棋居其一即可活。

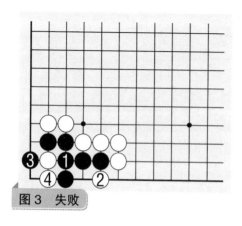

图3 失败

图3 失败

类似黑1的下法，黑棋肯定不活。白2、4后，黑棋净死。

问题 46　解说

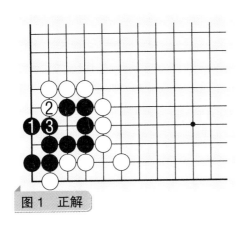

图 1　正解

图 1　正解

黑 1 尖是不易被发现的急所，有了此手棋后，两个独立的眼位就显现出来了。

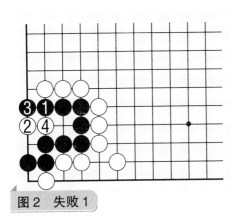

图 2　失败 1

图 2　失败 1

黑 1 挡，其意图虽可理解，但白棋有白 2 点的严厉手段。至白 4，黑棋不活。

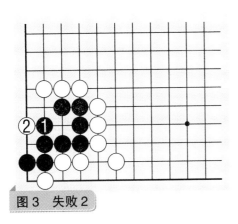

图 3　失败 2

图 3　失败 2

黑 1 团眼是初学者较易下出的棋。这样下虽可确保一只眼，但被白 2 破眼后，黑棋同样不活。

问题 47 ▶▶

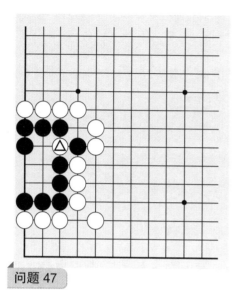

问题 47

黑先。在本题中，黑棋如果过于受白△一子影响，做活则比较困难。黑棋需要冷静地计算。请问黑棋应如何下？

问题 48 ▶▶

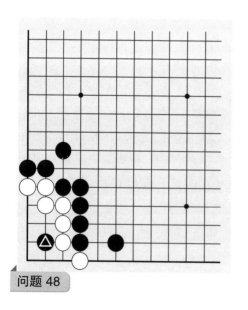

问题 48

白先。黑▲一子虽令白棋很不舒服，但白棋仍能净活。白棋应怎样下？

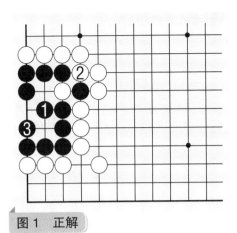

图 1 正解

问题 47 解说

图 1 正解

黑 1 弯是冷静的好棋，其后 2 位和 3 位黑棋必居其一，黑棋可活。

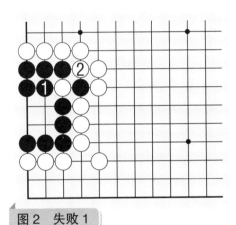

图 2 失败 1

图 2 失败 1

黑 1 如果先提子，被白 2 破眼后，黑棋不活。

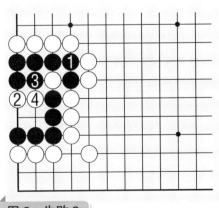

图 3 失败 2

图 3 失败 2

黑 1 接上，白 2 同样严厉，黑 3 提子，白 4 继续打吃，结果黑棋不活。

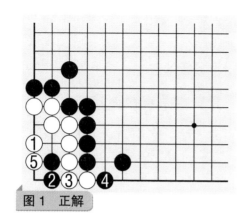

图 1　正解

问题 48　解说

图 1　正解

白 1 尖是本题唯一的做活急所，黑 2 下立时，白 3 接，至白 5，白棋可以做活。

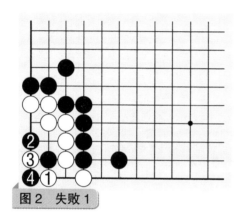

图 2　失败 1

图 2　失败 1

白 1 扳，在常识上虽是急所，但在本题中黑 2 点是好棋，以下白 3、黑 4，白棋下成打劫活。

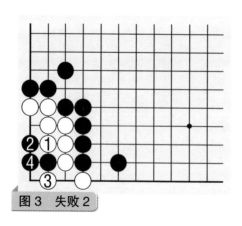

图 3　失败 2

图 3　失败 2

白 1 轻率，而黑 2 点才是急所，至黑 4，白棋不活。

问题 49 ▶▶

黑先。在本题中，黑棋如何选择才能确保做活？

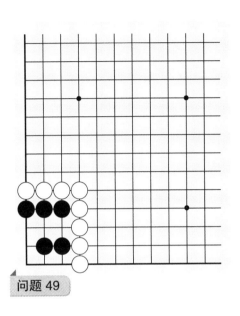

问题 49

问题 50 ▶▶

黑先。黑棋如何充分利用黑▲一子是活棋的关键。本题中，黑棋必须净活，其他任何结果对黑棋来说都是失败的。黑棋应怎样下？

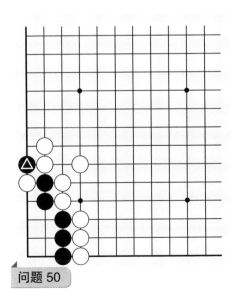

问题 50

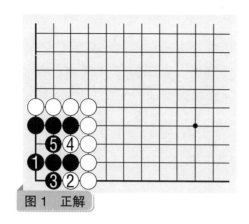

图1 正解

问题 49 解说

图1 正解

黑1是做活的急所，有了这手棋即可确保两只眼。其后白2、4时，黑3、5挡住即可。

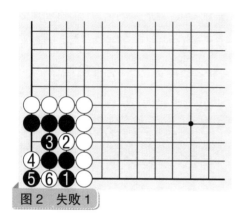

图2 失败1

图2 失败1

黑1挡虽可拓展自己的生存空间，但白2、4攻击之后，黑棋不能净活。以下黑5、白6，结果黑棋下成打劫活。

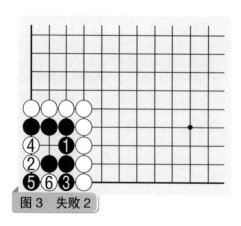

图3 失败2

图3 失败2

黑1挡的结果与图2相同，白2点是急所，以下至白6，黑棋同样下成打劫活。

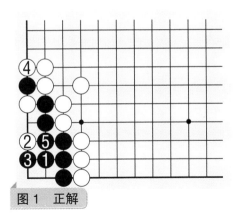

图 1　正解

问题 50　解说

图 1　正解

黑 1 是充分利用黑棋一子的急所，白 2、4 时，黑 3、5 应对，黑棋可以净活。

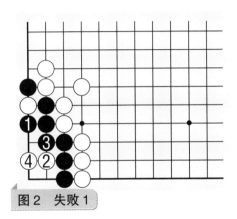

图 2　失败 1

图 2　失败 1

黑 1 提目光短浅，白 2、4 攻击后，黑棋不活。

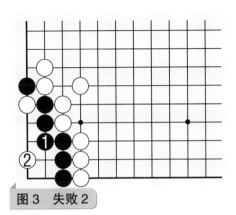

图 3　失败 2

图 3　失败 2

黑 1 接是缺少计算的下法，被白 2 反击后，黑棋也不活。

问题 51 ▶▶

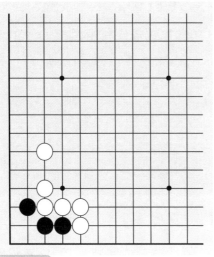

黑先。本题的棋形在实战中经常能看到。黑棋应如何选择?

问题 51

问题 52 ▶▶

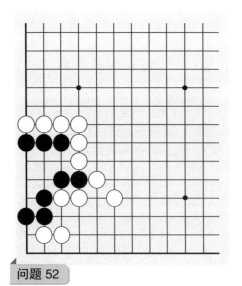

黑先。如能一眼发现本题的急所,说明您的棋力不错。为了活棋,应该付出一点牺牲。请问黑棋应如何选择?

问题 52

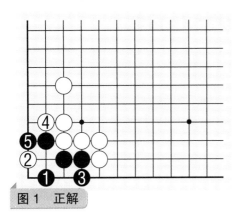

图1　正解

问题51　解说

图1　正解

　　黑1是正确的选择，白2点破眼时，黑3下立，黑棋可以活棋。

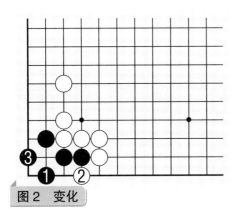

图2　变化

图2　变化

　　黑1时，白2扳并不可怕，黑3可以安全活棋。总之黑棋只要在2位和3位中居其一，即可活棋。

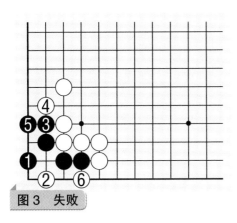

图3　失败

图3　失败

　　黑1方向错误，白2点非常严厉，黑3、5力求做活，但白6渡过后，黑棋不活。

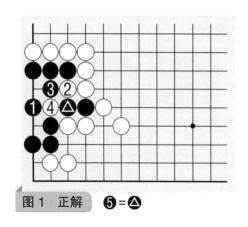

图 1　正解　❺ = △

问题 52　解说

图 1　正解

黑 1 是要领，白 2 打吃时，黑 3 又很重要，以下至黑 5，黑棋净活。

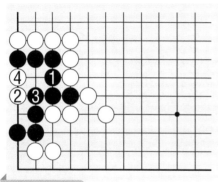

图 2　失败 1

图 2　失败 1

黑 1 挡过于贪心，而白 2 点则很严厉，黑 3、白 4 之后，黑棋不活。

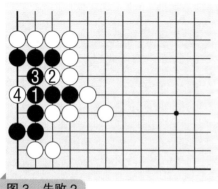

图 3　失败 2

图 3　失败 2

黑 1 接是缺少计算的下法，白 2 冲，黑 3 挡，白 4 点后，黑棋不活。

问题 53 ▶▶

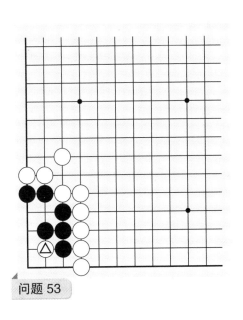

问题 53

黑先。本题中的黑棋如欲做活，必须吃住白△一子。请问黑棋如何吃白△一子呢？

问题 54 ▶▶

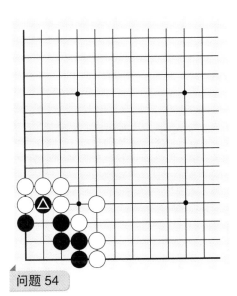

问题 54

黑先。黑棋在本题中切勿过于受黑△一子的影响，否则离活棋会越来越远。本题中黑棋的急所仍在角上。请问黑棋应如何选择？

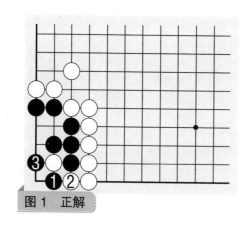

图1 正解

问题53　解说

图1　正解

黑1从下面打吃白棋一子是冷静的好棋，白2、黑3进行之后，黑棋已净活。

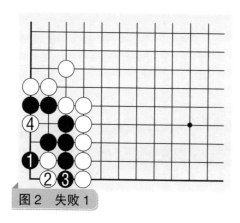

图2　失败1

图2　失败1

黑1从左边打吃过于轻率，白2下立可以成立，黑3断，白4打，结果黑棋不活。

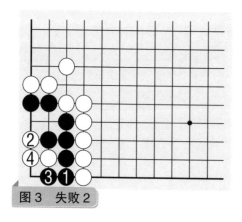

图3　失败2

图3　失败2

黑1下立，如果能活棋，当然是很好的下法，但在本题中不成立。白2破眼是急所，黑3抵抗时，白4连接，黑棋不活。

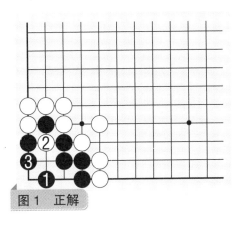

图1 正解

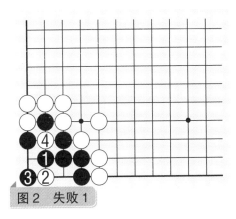

图2 失败1

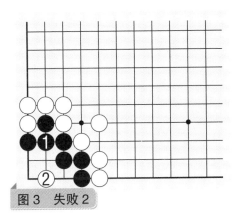

图3 失败2

问题 54　解说

图 1　正解

黑1是急所，黑棋不仅可以确保一只眼，而且还为做另一只眼做好了准备。类似的二路一线急所应该引起我们充分的注意。

图 2　失败 1

黑1在很多时候都是急所，但在本题中不成立。白2点严厉，黑3时，白4提子，结果下成"摇橹劫"，黑棋净死。

图 3　失败 2

黑1接是不负责任的下法，白2点后，黑棋不活。

问题 55 ▶▶

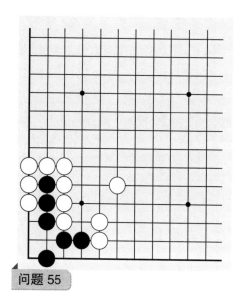

黑先。如果本题棋形在实战中出现，有些人很可能不小心下成死棋。请问本题中黑棋的正确选择是什么？

问题 55

问题 56 ▶▶

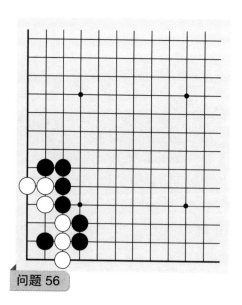

白先。在本题中白棋如稍不留神，将会遭到黑棋的猛烈攻击。那么请问在此情况下，白棋应如何选择？

问题 56

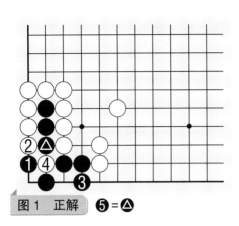

图 1　正解　❺ = △

问题 55　解说

图 1　正解

黑棋如欲活棋，必须付出一点牺牲，因此黑1时，白2来打吃，黑棋应果断弃去三子，而是黑3下立，只有这样，黑棋才能做活。

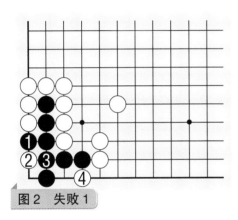

图 2　失败 1

图 2　失败 1

黑1挡过于教条，白2先手打后再白4扳，黑棋不活。

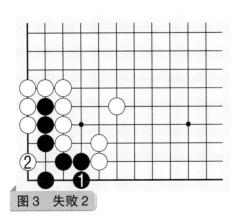

图 3　失败 2

图 3　失败 2

黑1先下立过于轻率，白2点后，黑棋同样不活。

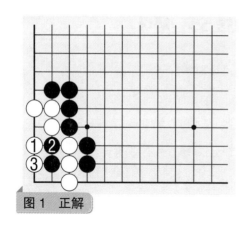

图 1　正解

问题56　解说

图 1　正解

　　类似本题的问题，我们已在前面有所涉及。本题中白1尖是做活的急所，黑2断时，白3打吃即可。

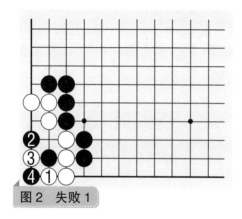

图 2　失败 1

图 2　失败 1

　　白1的意图是希望黑棋下在3位，然后白棋在2位做活。但黑2直接破眼是好棋，以下白3、黑4，白棋下成打劫活。

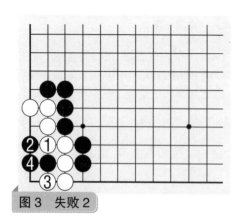

图 3　失败 2

图 3　失败 2

　　白1接是最坏的选择，黑2扳后，白棋不活。

问题 57 ▶

黑先。本题中黑棋的生存空间较小，要想做活，似乎缺少手段。请问黑棋以什么样的巧妙手段才能做活？

问题 57

问题 58 ▶

黑先。本题中，黑棋如欲救回黑▲三子，将会遭到白棋的猛烈攻击，从而影响整块棋做活。那么请问黑棋如何顾全大局呢？

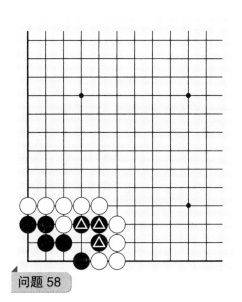

问题 58

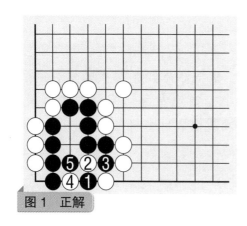

图1　正解

问题57　解说

图1　正解

黑1硬挡，最大限度地拓展自己的生存空间，是本题唯一正确的选择。白2打吃时，黑3、5可以滚打白棋，由于白棋接不归，黑棋可活。

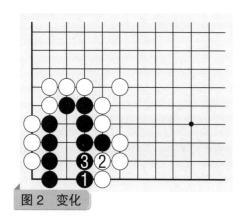

图2　变化

图2　变化

黑1时，白2可以先手与黑3交换一下，但黑棋下成"直四"，已是净活之形。实战中一般选择本图的进行。

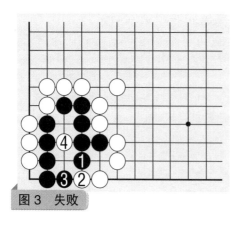

图3　失败

图3　失败

黑1表明，黑棋的意志不够坚定，白2爬，然后白4点，黑棋不活。

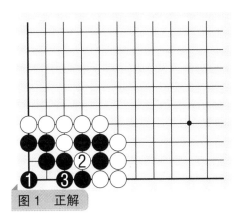

图1 正解

问题 58　解说

图1　正解

黑1是冷静的好棋，也是黑棋做活的唯一急所，白2提子时，黑3做眼，黑棋可活。

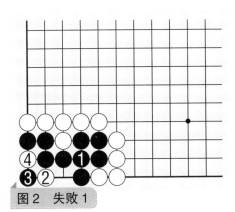

图2 失败1

图2　失败1

黑1连回三子是因小失大之举，白2点是急所，以下黑3、白4，黑棋下成打劫活。

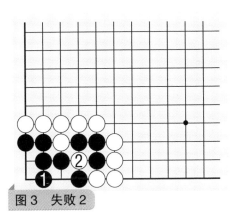

图3 失败2

图3　失败2

黑1试图做眼，被白2提子后，黑棋净死。

问题 59 ▶▶

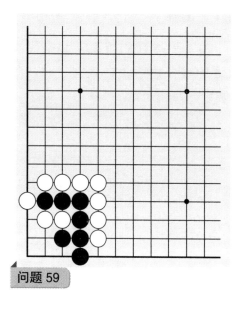

黑先。黑棋如在本题中稍不留神，将会招致失败。请问黑棋应如何选择？

问题 59

问题 60 ▶▶

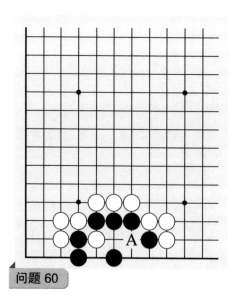

黑先。黑棋如何防备 A 位的双打吃，并确保自己两只眼？本题是一个做活的基本形。

问题 60

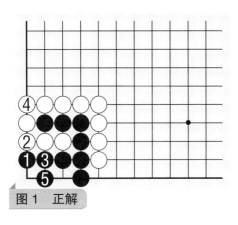

图1 正解

问题 59 解说

图 1 正解

黑1是绝妙的下法，白2只好连接，黑3、5做眼好像有些委屈，但黑棋可以确保两眼。

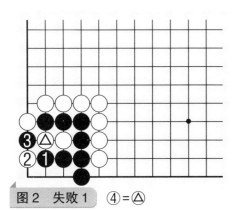

图2 失败1 ④=△

图 2 失败 1

在实战中，有些围棋爱好者很容易下成黑1打吃，初看起来其进行与正解相似，但遭白2抵抗之后，黑棋不活。

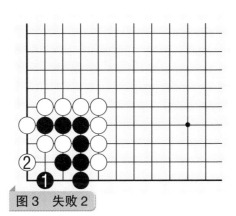

图3 失败2

图 3 失败 2

黑1尖错误，白2应是好棋，由此可以吃住黑棋。

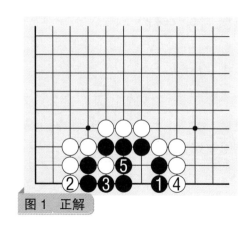

图1　正解

问题60　解说

图1　正解

黑1下立是正确下法，以下至黑5，黑棋可活。

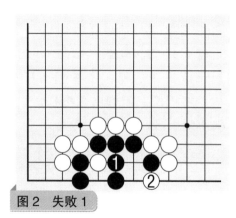

图2　失败1

图2　失败1

黑1打吃白棋一子是轻率之举，与正确的思路相距甚远。白2打吃之后，黑棋不活。

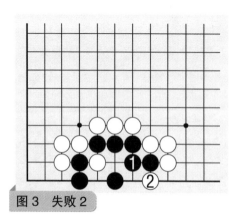

图3　失败2

图3　失败2

黑1接，白2破眼后，黑棋不活。

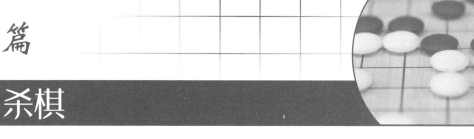

杀棋

与做活相似，杀棋时能净杀对方固然是最佳的结果，但在实践中，往往并不易实现。如在采用正确的手段之后形成劫杀也是很不错的。而在做劫的时候，我们一定要考虑劫的先后手，以及紧气劫与缓气劫的差别，务必使己方利益最大化。

问题 61 ▶▶

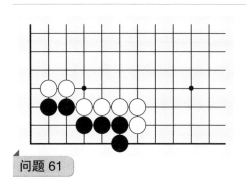

问题 61

白先。本题中的黑棋生存空间较大，白棋应如何充分压缩黑棋的空间呢？请问白棋的手段是什么？

问题 62 ▶▶

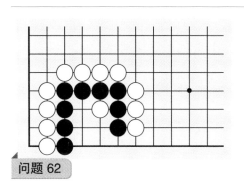

问题 62

白先。白棋如何杀死黑棋？其有效的手段是什么？切莫被黑棋中的一个白子所迷惑。

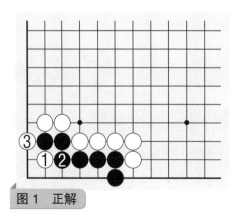

图 1　正解

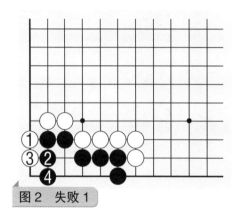

图 2　失败 1

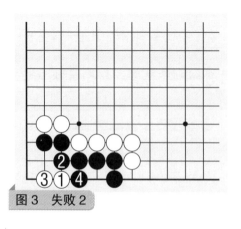

图 3　失败 2

问题 61　解说

图 1　正解

白 1 夹是严厉的手段，也是吃黑棋的唯一急所。黑 2 只有连接，白 3 渡过，黑棋的做活空间不足，结果不活。

图 2　失败 1

白 1 扳不是好手，黑 2 退是好棋，以下至黑 4，黑棋可活。

图 3　失败 2

白 1 点是错误的攻击方法，黑 2、4 应后，黑棋可活。

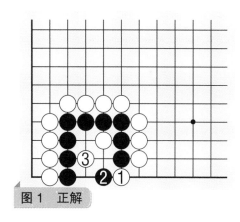

图 1 　正解

问题 62 　解说

图 1 　正解

白 1 扳是攻击黑棋的第一步，黑 2 挡时，白 3 破眼，结果黑棋不活。

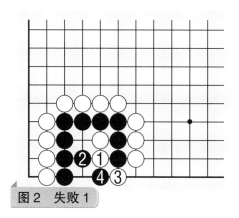

图 2 　失败 1

图 2 　失败 1

白 1 从里侧攻击黑棋，但黑 2 的强烈反抗可以成立，以下至黑 4，黑棋可以下成打劫活。

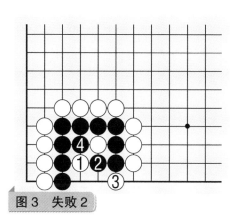

图 3 　失败 2

图 3 　失败 2

本图中的白 1 会招致最坏的结果。黑 2 打吃是做活的急所，至黑 4，白棋的进攻以失败告终。

问题 63 ▶▶

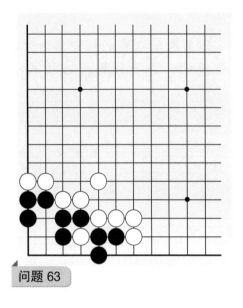

问题 63

白先。初看本题，有的人或许会问，黑棋不是已经净活了吗？其实不然。白棋应该如何下才能吃住黑棋？第一手棋和第三手棋是关键。

问题 64 ▶▶

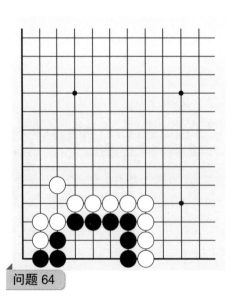

问题 64

白先。白棋有效地攻击黑棋的方法是什么？如何才能给黑棋致命一击？

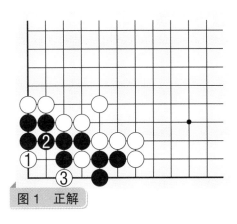

图 1 正解

问题 63 解说

图 1 正解

白 1 打吃，先手与黑 2 交换是必然的次序，其后白 3 继续打吃是决定性的一击。

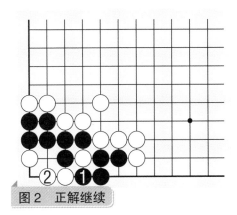

图 2 正解继续

图 2 正解继续

黑 1 提子，白 2 顺势一退，结果成了有眼杀无眼，黑棋明显不活。

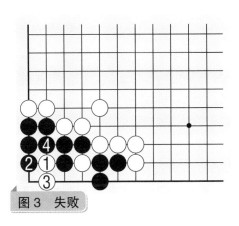

图 3 失败

图 3 失败

白 1 点是错误的攻击方法，黑 2 应是要领，以下至黑 4，黑棋可活。

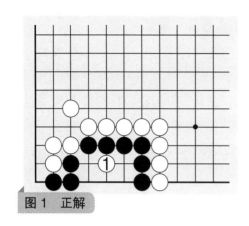

图1 正解

问题64　解说

图1　正解

　　白1是攻击黑棋的最有效手段，黑棋面对此着只有束手就擒。

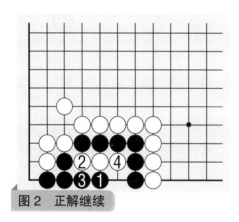

图2　正解继续

图2　正解继续

　　其后黑1试图进行抵抗，白2断，以下至白4，黑棋不活。

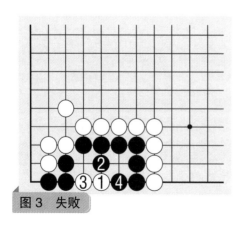

图3　失败

图3　失败

　　白1点，位置明显错误，黑2是做活的急所，其后3位和4位，黑棋居其一即可做活。

问题 65 ▶▶

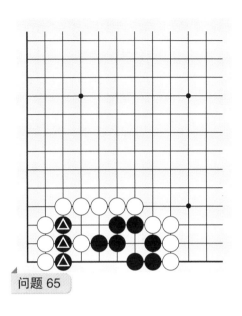

问题 65

白先。白棋仅仅吃黑▲三子不能令人满意，那么请问白棋应如何选择？

问题 66 ▶▶

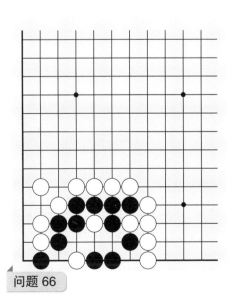

问题 66

白先。白棋如能正确把握本题的核心，将会很简单地解决问题。第一手棋非常关键。请问白棋应如何选择？

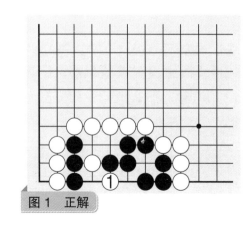

图 1 正解

问题 65 解说

图 1 正解

白 1 扳是巧妙的手段，此位置如果被黑棋占领，黑棋即可确保两只眼做活。因此，白棋抢占这一位置是必然的选择。

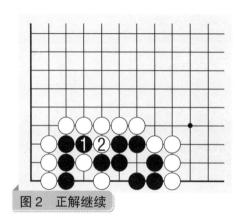

图 2 正解继续

图 2 正解继续

其后黑 1 打吃时，白棋有白 2 倒扑的手段，结果当然是黑棋净死。

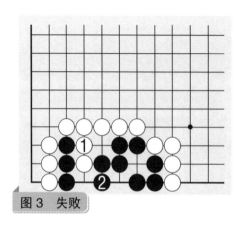

图 3 失败

图 3 失败

白 1 虽可吃黑棋三子，但吃不住整块黑棋。黑 2 下立，黑棋已活。

问题 66　解说

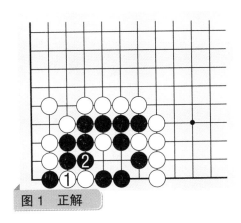

图 1　正解

图 1　正解

白 1 扑是攻击黑棋的第一步，黑 2 只好提子。后续变化见图 2。

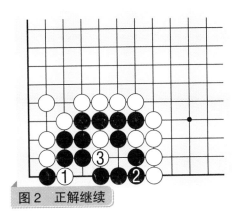

图 2　正解继续

图 2　正解继续

其后白 1 扑是破眼的基本下法，黑 2 时，白 3 长，由此可以吃住黑棋。

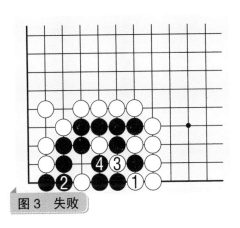

图 3　失败

图 3　失败

白 1 从右侧开始攻击不成立，黑 2 接是好棋，由此可以确保两只眼。

问题 67 ▶▶

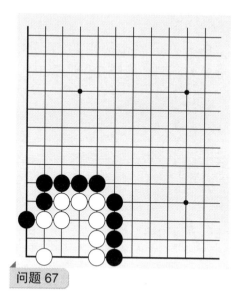

黑先。吃棋的要领不外乎有两个，一个是压缩对方，另一个是点眼。请问本题中的黑棋应采取哪一种方法？

问题 67

问题 68 ▶▶

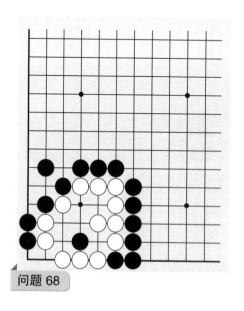

黑先。在本题中，黑棋稍有不慎，就有下成劫杀的可能。第一手棋非常重要，并且第三手棋将是决定性的。请问黑棋应如何下？

问题 68

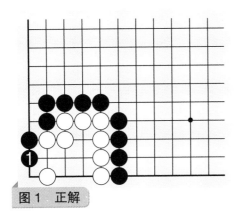

图1 正解

问题 67 解说

图1 正解

黑1爬是冷静的好棋，有此一手，白棋的做活空间就不够了。

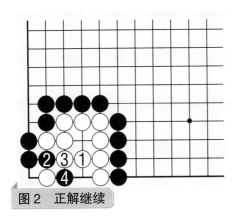

图2 正解继续

图2 正解继续

白1团眼，谋求做活，黑2、4则是破白棋眼的次序，结果黑棋可以吃住白棋。如果白1改下2位，黑棋在1位点，白棋同样不活。

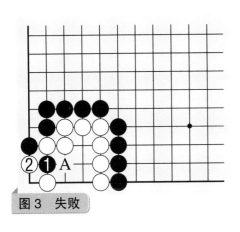

图3 失败

图3 失败

黑1挖是轻率之举，其意图是希望白棋下在A位，黑棋再在2位连回。但白棋有白2抵抗的手段，结果下成打劫活。

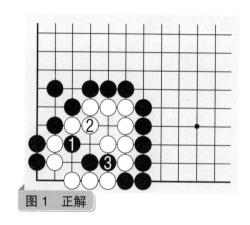

图1 正解

问题68 解说

图1 正解

黑1打吃，其后黑3断，是黑棋极其漂亮的组合拳。白棋由于两侧均不能入气，只能束手就擒。

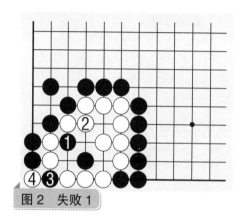

图2 失败1

图2 失败1

黑1先手与白2交换之后，黑3与白棋打劫，说明黑棋缺乏完整思路。

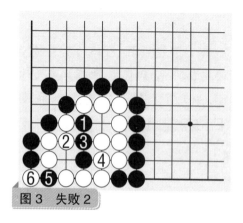

图3 失败2

图3 失败2

黑1打吃方向错误，白2接，黑3以下至白6，双方又下成打劫。因此，正解中黑棋的选择才是唯一正确的。

问题 69 ▶▶

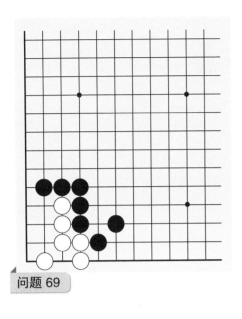

问题 69

黑先。本题中的白棋已在角上确保有一只眼，那么黑棋如何才能不让白棋做成另一只眼呢？

问题 70 ▶▶

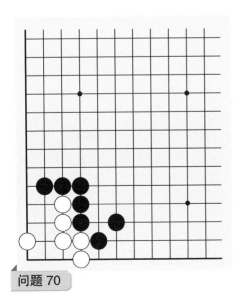

问题 70

黑先。本题中的白棋眼形好像比较丰富，那么黑棋如何才能吃住白棋呢？

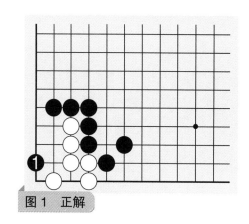

图 1 正解

问题 69 解说

图 1 正解

黑 1 大飞是好棋，白棋对此毫无对策。

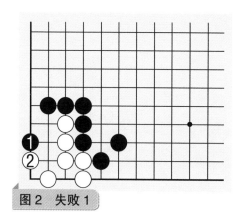

图 2 失败 1

图 2 失败 1

黑 1 小飞，明显缺少霸气。白 2 尖是做活的急所，由此可以净活。

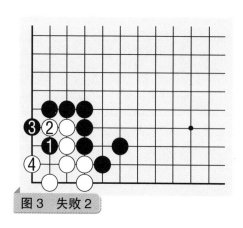

图 3 失败 2

图 3 失败 2

黑 1 同样是典型的坏棋，白 2、黑 3 后，白 4 尖即可做活。

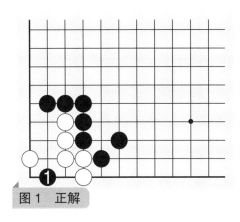

图1 正解

问题70 解说

图1 正解

黑1点极其严厉，由此可以发现，白棋的生存空间不够，白棋不活。

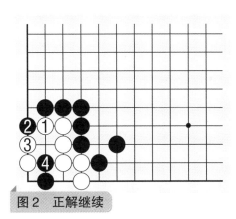

图2 正解继续

图2 正解继续

其后白1如果挡，黑2扳是好棋，以下至黑4，黑棋可以吃住白棋。

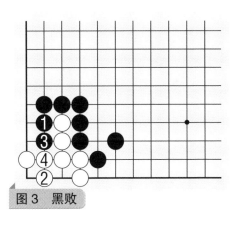

图3 黑败

图3 黑败

黑1拐不能成立，白2是做活的急所，结果黑棋失败。

问题 71 ▶▶

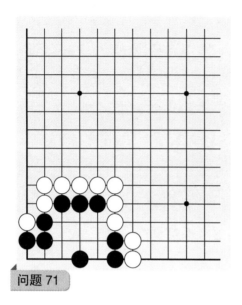

问题 71

白先。本题的问题或许在实战中很难出现，是我们人为设计的一个图形，其主要目的是测验大家的感觉。请问白棋如何才能吃住黑棋？

问题 72 ▶▶

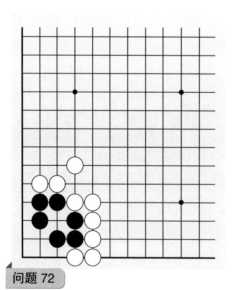

问题 72

白先。在本题中白棋如果不能压缩黑棋空间，显然不能吃住黑棋。其实白棋仅靠大家常用的手段即可解决问题。请问白棋应如何选择？其急所是 2·一位还是 2·二位呢？

问题 71 解说

图 1 正解

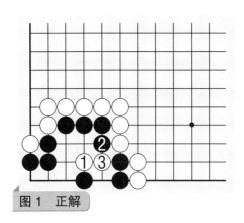

图 1 正解

白 1 靠是极佳的感觉，也是本题的正解。黑棋对白 1 无可奈何，整块黑棋也因此而不活。

图 2 失败 1

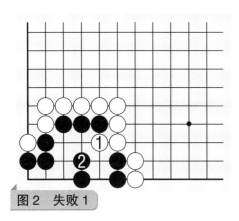

图 2 失败 1

本图中的白 1 冲时，黑 2 应是好棋，白棋缺少后续手段。

图 3 失败 2

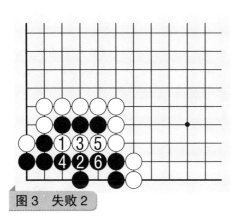

图 3 失败 2

白 1 断看似有力，但黑 2 应仍是好棋，白 3、5 只能吃黑三子，黑棋可简单做活。

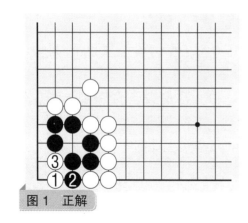

图 1 正解

问题 72 解说

图 1 正解

白 1 跳入是严厉的攻击手段，黑棋无法抵抗。即使黑 2 切断白棋，但白 3 打后，黑棋仍然不行。

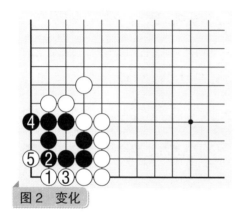

图 2 变化

图 2 变化

白 1 时，如果黑 2 应，白 3 连上即可。其后黑 4 立时，白 5 扳，结果同样是黑棋死。其中黑 4 如果下在 5 位，白棋在 4 位扳，结果相同。

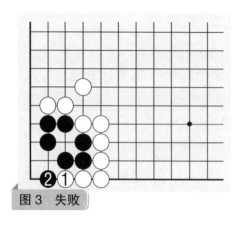

图 3 失败

图 3 失败

白 1 冲，缺少妙味，黑 2 挡后，黑棋可净活。估计各位爱好者均不会选择这一下法吧。

问题 73 ▶▶

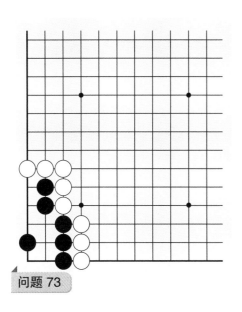

问题 73

白先。本题是有关破眼的基本方法。当从己方的角度考虑不好时，不妨换一个角度，即从对方的角度去考虑一下，这也是一种行之有效的方法。请问本题中的白棋应如何选择？

问题 74 ▶▶

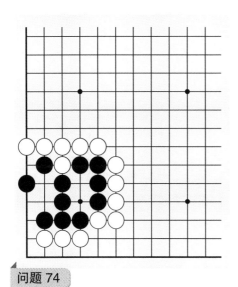

问题 74

白先。在本题中白棋如果过于急攻，将会遭到黑棋的顽强抵抗，结果反而会适得其反。请问白棋如何巧施妙手吃住黑棋？

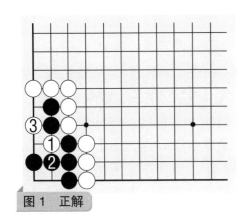

图1 正解

问题 73 解说

图1 正解

白1断先手与黑2交换之后，白3打吃是绝妙的次序，结果黑棋不活。

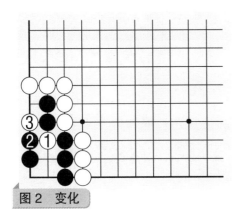

图2 变化

图2 变化

白1断时，黑2如果打吃，白3倒扑同样可以吃住黑棋。

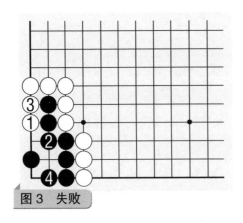

图3 失败

图3 失败

白1次序错误，黑2接是冷静的好棋，其后黑棋只要在3位和4位中居其一即可做活。

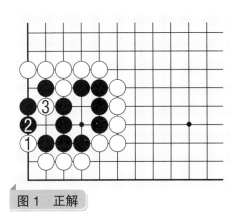

图 1　正解

问题 74　解说

图 1　正解

白 1 扳，黑 2 挡时，白 3 扑是妙手，黑棋已无应手。

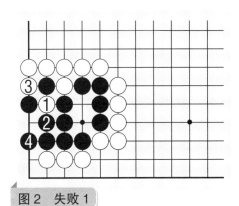

图 2　失败 1

图 2　失败 1

白 1 先扑次序错误，黑 2 提子，白 3 打吃，黑 4 可以做劫，结果下成劫杀。其中白 3 如果下在 4 位，黑棋则下在 3 位，黑棋净活。

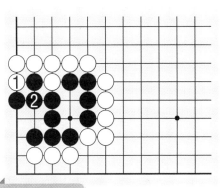

图 3　失败 2

图 3　失败 2

白 1 打吃明显缺乏思考，黑 2 连接之后，黑棋即可简单做活。倘若如此下棋，棋力很难提高。

问题 75 ▶▶

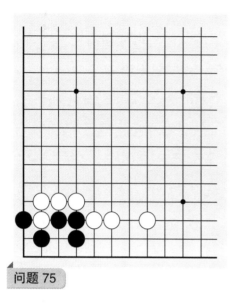

白先。本题中的白棋如果只施以平常的手段，黑棋可能通过抵抗做活或下成打劫活。那么白棋如何巧施妙手置黑棋于死地呢？

问题 75

问题 76 ▶▶

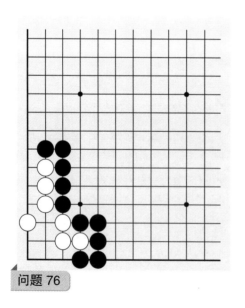

黑先。本形在实战中会经常出现。只要从"敌之要点即我之要点"这一点来考虑，就很容易找出正确的答案。请问黑棋应如何选择？

问题 76

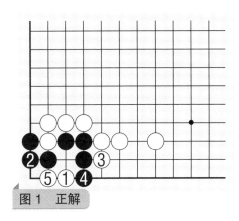

图 1 正解

问题 75 解说

图 1 正解

白 1 点巧妙，黑 2 时，白 3 挡、白 5 破眼，结果白棋可以吃住黑棋。

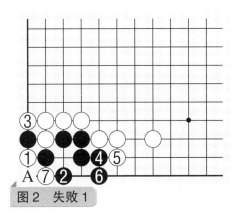

图 2 失败 1

图 2 失败 1

白 1 扑看似急所，但会遭到黑 2 的顽强抵抗，以下至白 7，黑棋可下成打劫活。其中白 3 如果下在 4 位，黑棋在 A 位提，结果黑棋净活。

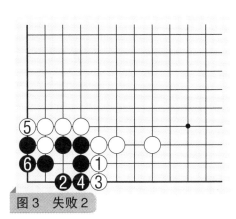

图 3 失败 2

图 3 失败 2

白 1 挡是完全没有吃黑棋想法的下法，黑 2 很舒服地做眼后，黑棋可确保做活。

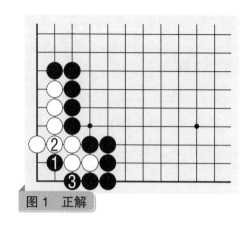

图1 正解

问题76 解说

图1 正解

黑1是急所，也是黑棋对白棋的致命一击，白2不得已只好连接，于是黑3渡过，结果白棋不活。

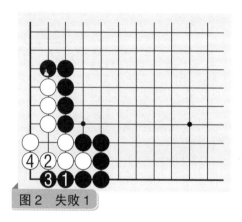

图2 失败1

图2 失败1

黑1单冲，白2退是好棋，以下至白4，白棋可以净活。

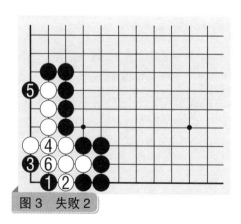

图3 失败2

图3 失败2

黑1跳看似很有力量，但在本题中不能成立。白2断后，黑棋缺少后续手段，以下至白6，结果白棋净活。

问题 77 ▶

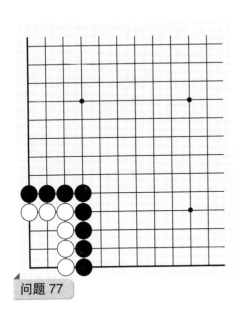

问题 77

黑先。本题中白棋的外气已全部收紧，现在黑棋如何才能吃住白棋？下成打劫对黑棋来说就意味着失败。

问题 78 ▶

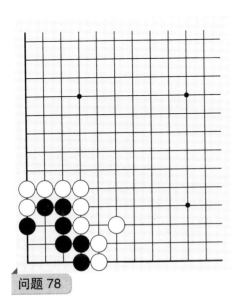

问题 78

白先。如要劫杀黑棋很容易，相信大家都能看出来，但现在的问题是要无条件地吃住黑棋。请问白棋应如何选择？

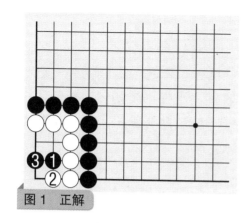

图1 正解

问题 77　解说

图1　正解

黑1是严厉的攻击方法，白棋受此一击后难逃厄运。白2抵抗时，黑3立即可，结果白棋净死。

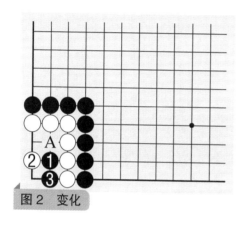

图2 变化

图2　变化

黑1时，白2夹看似可行，但黑3下立是冷静的好棋，结果仍是白棋死。白棋A位不入气，是白棋的痛苦。

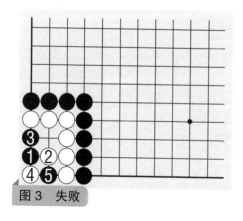

图3 失败

图3　失败

黑1位置不对，攻击有误。白2是急所，以下至黑5，黑棋只能劫杀白棋。

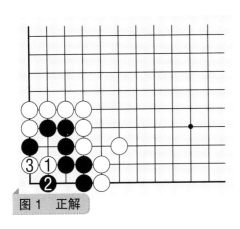

图1 正解

问题78 解说

图1 正解

白1点是急所，黑2扳时，白3打吃，即可吃住黑棋。

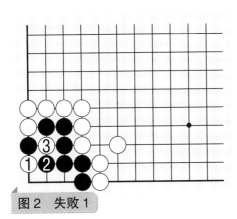

图2 失败1

图2 失败1

白1打吃操之过急，黑2反打后，下成打劫活。

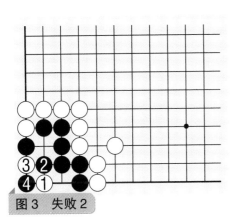

图3 失败2

图3 失败2

白1点缺少锐气，黑2应，以下白3、黑4，双方又下成打劫。

117

问题 79 ▶▶

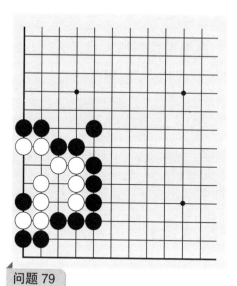

黑先。本题中黑棋只要按照常理攻击即可解决问题，切勿操之过急。请问黑棋应如何选择？

问题 79

问题 80 ▶▶

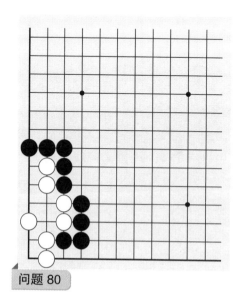

黑先。本题中的白棋在角上已确保一只眼，黑棋如要吃住白棋，只有努力消除另一只眼。请问黑棋应如何选择？

问题 80

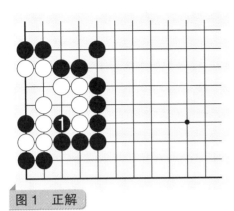

图 1　正解

问题 79　解说

图 1　正解

黑 1 冲是吃白棋的唯一急所，后续变化见图 2。

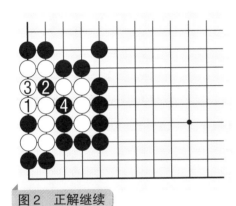

图 2　正解继续

图 2　正解继续

其后白 1 时，黑 2、4 是基本破眼要领，结果白棋只有一只眼。

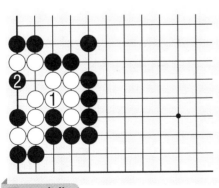

图 3　变化

图 3　变化

续图 1，其后白 1 团同样不能活，黑 2 直接打吃即可。

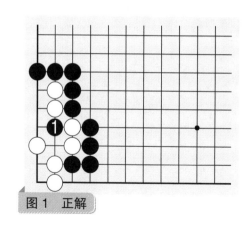

图 1　正解

问题 80　解说

图 1　正解

黑 1 断打是重要次序，后续变化见图 2。

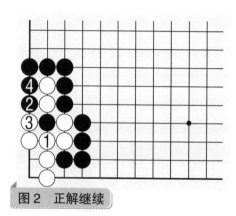

图 2　正解继续

图 2　正解继续

其后白 1 接是绝对应手，此时黑 2 打吃，然后黑 4 连接，黑棋迫使白棋做不成真眼。其中交换黑 2 和黑 4 的次序同样可行。

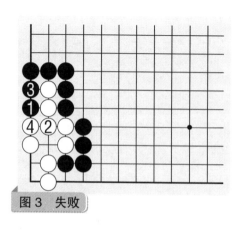

图 3　失败

图 3　失败

黑 1 操之过急，而白 2 接是好棋，结果白棋可活。

问题 81 ▶▶

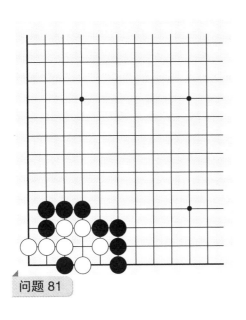

问题 81

黑先。在本题中黑棋稍有不慎，就会遭到白棋的顽强抵抗，从而下成劫杀。请问黑棋如何才能净杀白棋？

问题 82 ▶▶

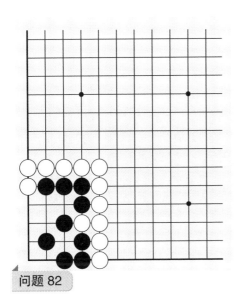

问题 82

白先。在本题中，白棋如何下才能给黑棋致命一击？第一手棋是关键。

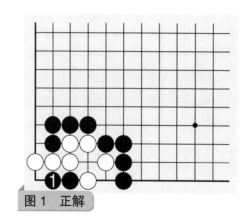

图1 正解

问题81 解说

图1 正解

黑1爬是妙手，如欲吃白棋只此一举，别无他法。黑1所在的位置，即是我们所说的二路一线急所。

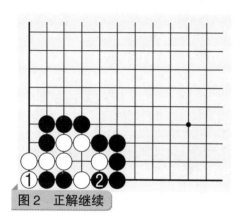

图2 正解继续

图2 正解继续

其后白1提黑二子，黑2则可打吃破眼，结果很清楚，白棋不活。

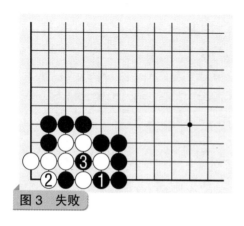

图3 失败

图3 失败

在实战中，有些爱好者很容易想到黑1打吃的下法，但白2提子后，黑3只能打劫，这种结果当然是黑棋的失败。

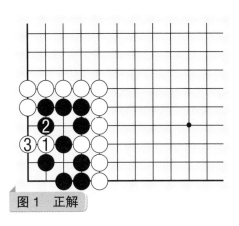

图 1　正解

问题 82　解说

图 1　正解

白 1 挤是攻击黑棋的唯一急所，黑 2 打吃时，白 3 可以下立，黑棋无可奈何。

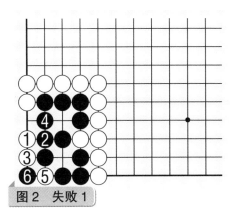

图 2　失败 1

图 2　失败 1

白 1 单跳，好像也是急所，但在本题中不行。黑 2 是很好的应手，以下至黑 4，白棋只有白 5 做劫。

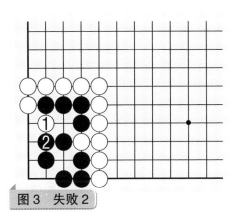

图 3　失败 2

图 3　失败 2

白 1 直接打吃，黑棋则有弃去上面四子而黑 2 做活的下法。因此 2 位是双方必争的要点。

问题 83 ▶▶

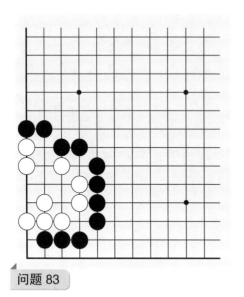

黑先。在本题中黑棋需要冷静思考，才能通过正确的攻击吃掉白棋。其中第一手棋比较难，但第三手棋较容易。请问黑棋应如何选择？

问题 83

问题 84 ▶▶

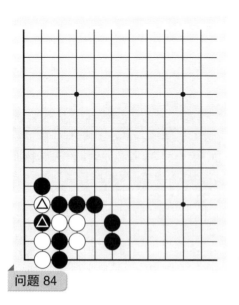

黑先。黑▲与白⊿双方都处于相互打吃的状态中，黑▲如果被吃，黑棋肯定吃不住白棋。请问黑棋应该怎样下？

问题 84

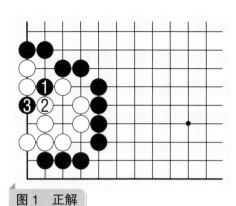

图1 正解

问题 83 解说

图 1 正解

黑 1 挖是攻击白棋的急所，白 2 时，黑 3 扑破眼，白棋不活。

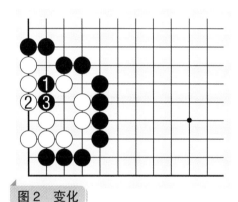

图2 变化

图 2 变化

黑 1 挖时，白 2 如果退，黑 3 则可继续破眼，白棋吃不住黑二子，结果仍是白棋净死。

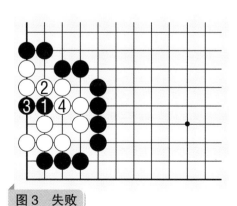

图3 失败

图 3 失败

黑 1 点看似严厉，但白 2 连接之后，黑棋缺少后续手段，结果白棋可活。

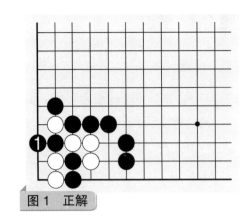

图 1 正解

问题 84 解说

图 1 正解

黑 1 下立是妙手，白棋虽在右边有一只眼，但另一只眼却做不出来。

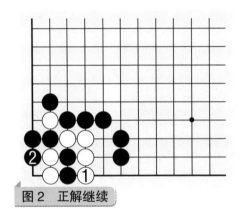

图 2 正解继续

图 2 正解继续

其后白棋不能在 2 位落子是白棋的痛苦。白 1 只好提子，这正是正解中黑 1 下立所发挥的作用。

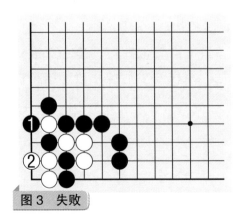

图 3 失败

图 3 失败

黑 1 提白一子，方法过于简单，白 2 下立后，白棋即可简单做活。可见，正解中的黑 1 下立是本题唯一的正解。

问题 85 ▶▶

黑先。黑▲一子虽不能救活，却并不影响施展吃白棋的手段。请问黑棋应如何选择？

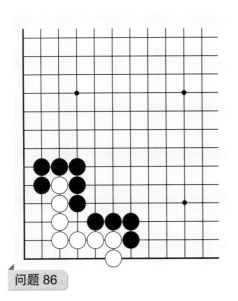

问题 85

问题 86 ▶▶

黑先。本题中白棋的生存空间比较大，因此黑棋的攻击要从大幅度压缩白棋空间入手。那么请问黑棋应如何攻击？

问题 86

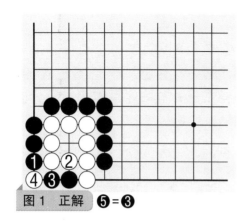

图1 正解 ❺=❸

问题85 解说

图1 正解

黑1爬是好棋，白2时，黑3、5应对即可。其中白2如果下在3位，黑3则下在2位。

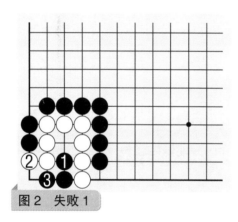

图2 失败1

图2 失败1

黑1先破眼不好，白2是好棋，结果双方下成双活。双活也是白棋的一种活棋方式。

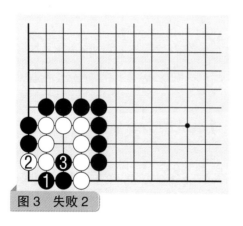

图3 失败2

图3 失败2

本图中的黑1爬，结果与图2一样，双方下成双活。

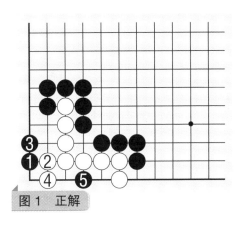

图 1　正解

问题 86　解说

图 1　正解

黑 1 大飞是好棋，由此可以最大幅度地压缩白棋。白 2 时，黑3 退即可，以下白 4、黑 5，白棋不活。

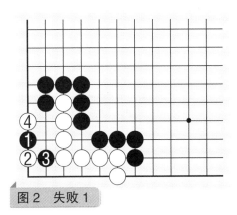

图 2　失败 1

图 2　失败 1

黑 1 小飞，攻击力不足，白 2后，黑棋再也吃不住白棋。黑 3 如打吃，白 4 反打后，白棋活得更大。

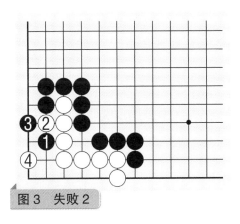

图 3　失败 2

图 3　失败 2

本图中的黑 1 更不可能吃住白棋，白 2、4 后，白棋活得很舒服。

问题 87 ▶▶

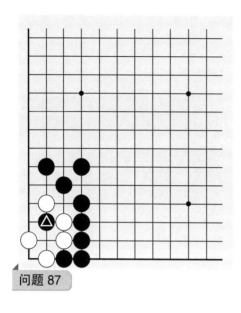

问题 87

黑先。如何充分利用黑▲一子，不让白棋做眼，是黑棋面临的问题。请问黑棋应如何选择？

问题 88 ▶▶

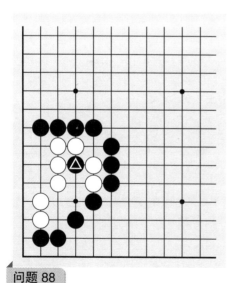

问题 88

黑先。白棋在中腹由于已吃住黑▲一子，因而已有一个完整的眼，因此要吃白棋，结论只有一个，即从边上破眼。那么请问黑棋应如何选择？

问题 87　解说

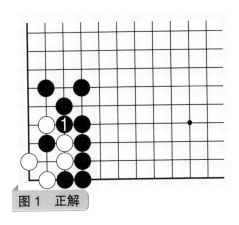

图 1　正解

图 1　正解

黑 1 打吃白二子，是正解的出发点，除此以外，黑棋都不可能成功。

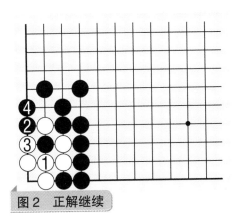

图 2　正解继续

图 2　正解继续

其后白 1 接是必然的，黑 2 以下至黑 4，白棋不活。

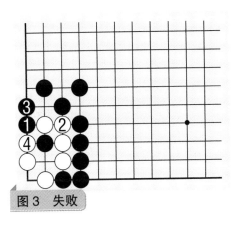

图 3　失败

图 3　失败

黑 1 扳次序错误，白 2 连接之后，黑棋没有后续手段，黑 3 退时，白 4 断吃即可。

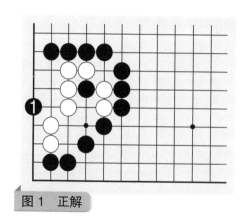

图1　正解

问题88　解说

图1　正解

黑1大飞是破眼的急所，白棋由于不能切断这个子，因而只能束手就擒。

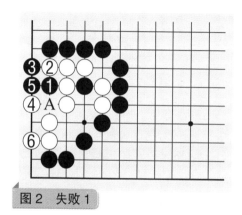

图2　失败1

图2　失败1

黑1不可能取得成功，白2以下至白6，白棋可活。其中白4下在A位也行。

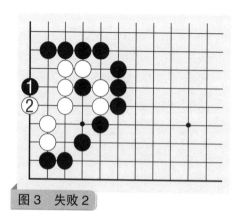

图3　失败2

图3　失败2

黑1小飞，明显缺少勇气。白2挡后，可以轻松做活。

问题 89 ▶▶

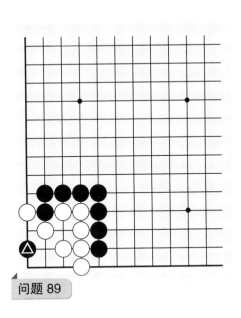

问题 89

黑先。本题中黑棋如何充分利用黑▲一子是关键。如果黑棋过于轻率，将会招致失败。请问黑棋应如何选择？

问题 90 ▶▶

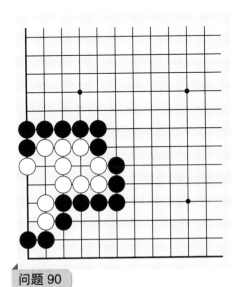

问题 90

黑先。本题中的黑棋应如何利用白棋的弱点实施攻击？第一手棋是关键。

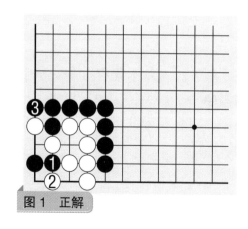

图1 正解

问题89 解说

图1 正解

黑1卡眼正确。黑1所占的位置就是我们通常所说的急所。白2应时，黑3打吃一子即可。

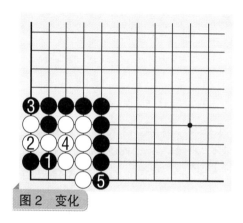

图2 变化

图2 变化

黑1时，白2如果连接，黑3打后，黑5再打，白棋一气被吃。总之黑1破眼后，白棋所有的抵抗手段都不能成立。

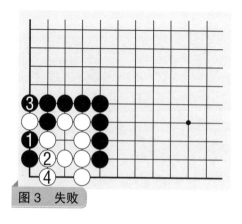

图3 失败

图3 失败

黑1如果断吃一子，白2先手打吃后，白4下立，白棋可轻松做活。其中白2下在4位也行。

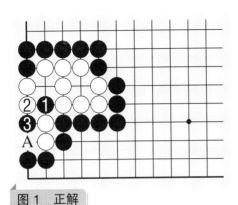

图1　正解

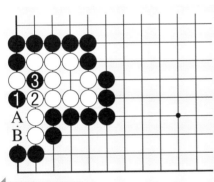

图2　失败1

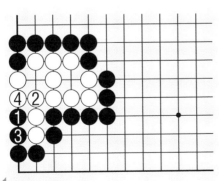

图3　失败2

问题90　解说

图1　正解

黑1断是绝对的次序，白2应时，黑3破眼，白棋不活。其中白2如果下在3位，黑棋在A位，白棋接不归。

图2　失败1

黑1打，其意在希望白棋3位接，然后黑A或黑B都可。但白2反打的手段可以成立，黑棋只能与白棋打劫。

图3　失败2

黑1看似可行，但白2接是冷静的好棋，黑3连回时，白4可以做活。其中白2如下在4位，黑棋在2位扑，又还原成正解的进行。

问题 91 ▸▸

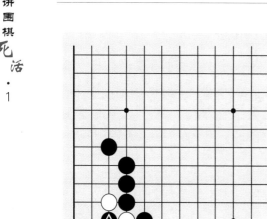

黑先。由于黑▲一子的存在，白棋形上存在着重大缺陷。请问黑棋如阿利用白棋的缺陷一举击溃白棋？

问题 91

问题 92 ▸▸

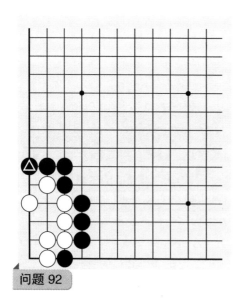

黑先。本题中的黑棋可利用黑▲一子来净杀白棋。请问黑棋应如何选择？

问题 92

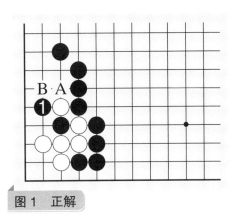

图1　正解

问题 91　解说

图1　正解

黑1打吃是基本的破眼手法，也是本题的唯一正解。其后白A时，黑B继续追击即可。

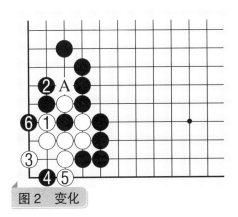

图2　变化

图2　变化

白1如果提子，黑2退是冷静的好棋，白3时，黑4点，白5下立，黑6继续破眼，白棋不活。其中黑2如果下在A位，白棋在2位断打，将形成打劫，这一点应该注意。

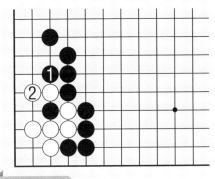

图3　失败

图3　失败

黑1打是初学者易犯的错误，白2下立后，白棋可轻松做活。初学者应切实打好杀棋的基础，将常用的破眼着法熟记于心，并且不要总下出随手棋，要多思考。

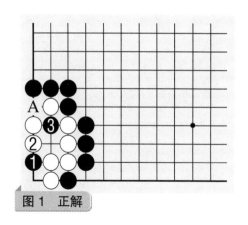

图1 正解

问题92 解说

图1 正解

黑1是攻击白棋的绝好手段，白2不得已，此时黑3扑是决定性的一击，白棋由于不入气而不能下在A位，结果白棋不活。

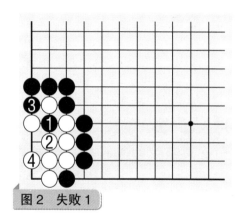

图2 失败1

图2 失败1

黑1扑，好像是急所，但结果是无法净吃白棋。黑3时，白4可以做劫。

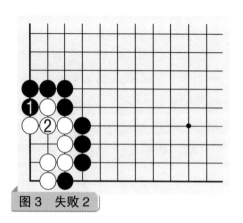

图3 失败2

图3 失败2

黑1打，不可能吃住白棋，白2顺势连接后即活。

问题 93 ▶▶

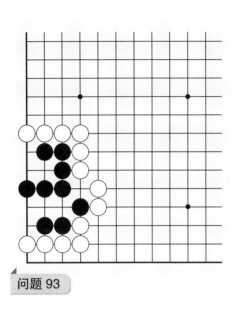

白先。黑棋在上方已有一个完整的眼，那么请问白棋如何才能消除其下方的另一只眼？

问题 93

问题 94 ▶▶

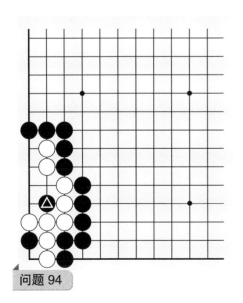

黑先。初看本题似乎白棋已净活，实际上黑棋可充分利用黑▲一子，以严厉的手段吃住白棋。请问黑棋应如何选择？

问题 94

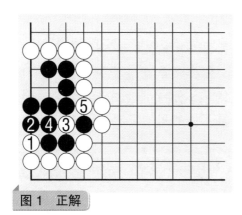

图 1　正解

问题 93　解说

图 1　正解

白 1 是必须的次序，黑 2 时，白 3 扑是好棋，黑 4、白 5 是其后的进行。

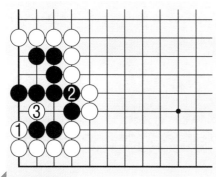

图 2　变化

图 2　变化

白 1 时，黑 2 如果团住，白 3 可继续破眼，黑棋也不活。由此可见白 1 后，黑棋不可能做活。

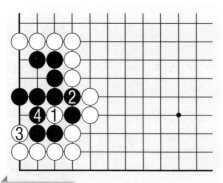

图 3　失败

图 3　失败

白 1 先扑是次序错误，以下至黑 4，黑棋可活。其中黑 2 也可下在 4 位提，以后只要在 2 位和 3 位中居其一即可做活。

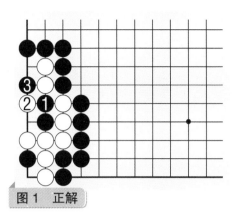

图 1　正解

问题 94　解说

图 1　正解

黑 1 断是吃白棋的出发点，白 2 只有打吃，黑 3 扑，结果白棋不活。

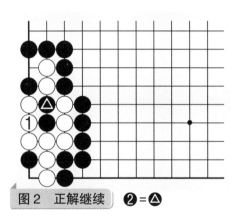

图 2　正解继续　❷＝△

图 2　正解继续

其后白 1 提子时，黑 2 再扑即可。

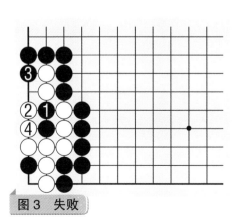

图 3　失败

图 3　失败

黑 1、白 2 交换虽然正确，但其后的黑 3 打吃过于轻率，白 4 提子后，其情况与正解全然不同。

问题 95 ▶▶

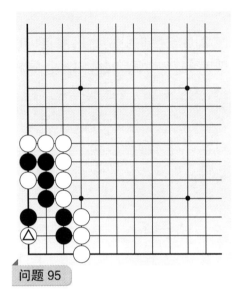

白先。白△一子可以在吃黑棋的过程中发挥重要的作用。请问白棋如何充分利用白△一子吃掉黑棋?

问题 95

问题 96 ▶▶

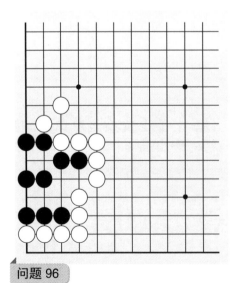

白先。如果读者能一眼看出本题中的问题所在,则充分说明对围棋死活有出色的感觉。请问白棋如何给黑棋致命一击?

问题 96

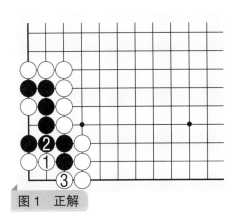

图 1 正解

问题 95　解说

图 1　正解

白 1 是好棋，黑 2 必须接，白 3 渡过并打吃黑棋，白棋即取得了胜利。

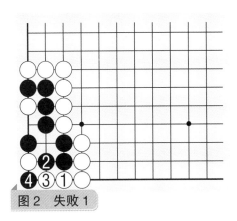

图 2　失败 1

图 2　失败 1

白 1 虽有力量，但在本图中黑 2 抵抗可以成立，以下白 3、黑 4，双方下成打劫，这意味着白棋失败。

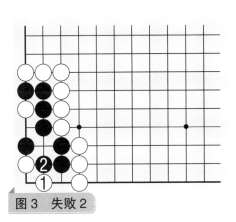

图 3　失败 2

图 3　失败 2

白 1 尖虽是二路一线的急所，但黑 2 打吃的手段可以成立，结果双方仍是打劫。因此正解的进行是唯一正确的。

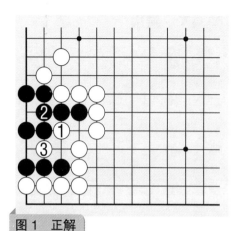

图 1　正解

问题 96　解说

图 1　正解

白 1 是严厉的攻击手段，黑棋缺乏应手。黑 2 如果连接，白 3 挖入，黑棋无法做出第二只眼。

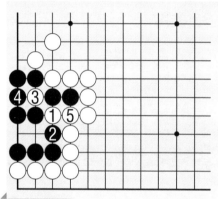

图 2　变化

图 2　变化

白 1 时，黑棋如果为保护下方的一只眼而黑 2 打吃，白 3 则扑，破黑棋上方的一只眼，结果仍是黑棋死。白 1 是破黑棋上下两眼的绝好点。

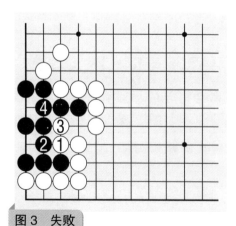

图 3　失败

图 3　失败

白 1 过于平缓，无法取得成功。黑 2、4 之后，黑棋已净活。

问题 97 ▶

白先。白棋如何充分利用白△和白◎子来攻击黑棋?

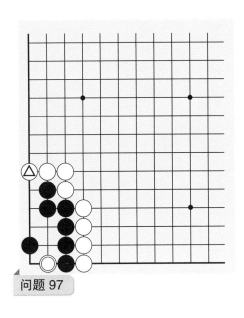

问题 97

问题 98 ▶

黑先。本题比较简单,应一眼就能发现问题所在。那么请问黑棋应如何选择?

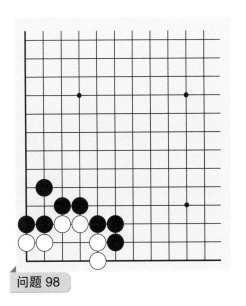

问题 98

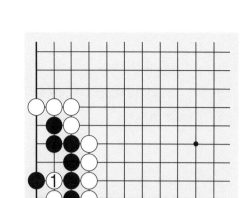

图 1 正解

问题 97 解说

图 1 正解

白 1 先在里面下，是严厉的攻击手段。

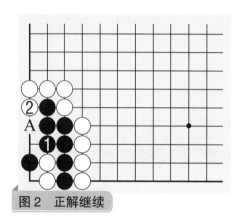

图 2 正解继续

图 2 正解继续

其后黑 1 挡，白 2 冲即可吃住黑棋。黑棋由于不能入气，无法在 A 位挡，这正是正解中白 1 的结果。

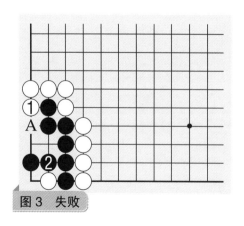

图 3 失败

图 3 失败

白 1 先冲，未能把握本题的关键所在。黑棋要是在 A 位挡，白棋再下 2 位，结果当然是黑棋净死。但黑 2 是冷静的应手，黑棋可活。

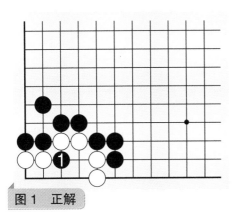

图1 正解

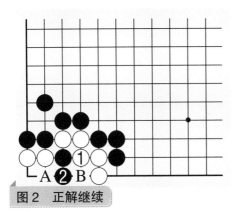

图2 正解继续

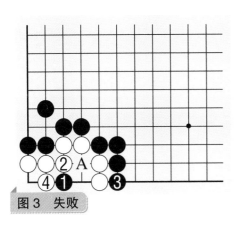

图3 失败

问题98 解说

图1 正解

黑1断打是诱使白棋两侧均不入气的下法，白棋受此攻击后不活。

图2 正解继续

其后白1连接是绝对的，此时黑2可巧妙立下，成"金鸡独立"。白棋A位和B位均不入气，只能束手就擒。

图3 失败

黑1点看似急所，但很可惜作用不大。白2连上，黑3时，白4可做活。不过应注意。白4若下在A位，让黑棋下在4位，白棋不活。

问题 99 ▶▶

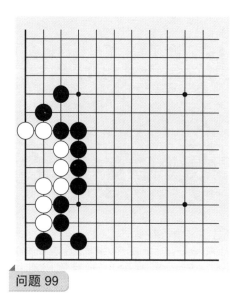

黑先。本题中的白棋生存空间好像比较充足。黑棋如何才能吃住白棋？

问题 99

问题 100 ▶▶

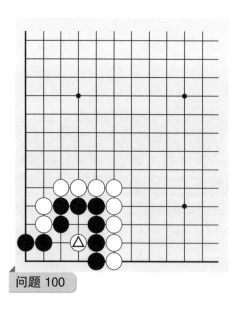

白先。白棋应充分利用白△一子来攻击黑棋。请问白棋应如何选择？

问题 100

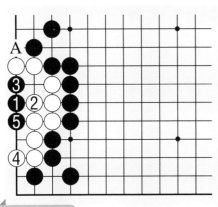

图1 正解

问题 99 解说

图1 正解

黑1点是攻击急所，白2时黑3破眼，白4下立，黑5继续破眼，黑棋由此可以吃住白棋。其中黑3下在A位挡同样可行。

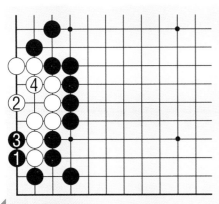

图2 失败1

图2 失败1

黑1扳，压缩白棋空间是错误的。白2是做活的急所，其后3位和4位白棋居其一即可做活。

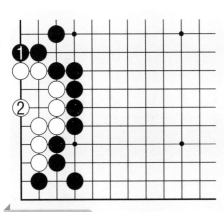

图3 失败2

图3 失败2

黑1挡同样是错误之举，白2简单做活即可，本图白棋活得最大。由此可以看出，2位是双方必争的急所。

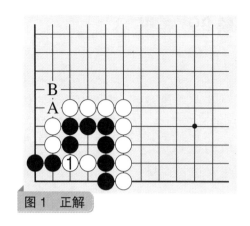

图 1　正解

问题 100　解说

图 1　正解

　　如果黑 A 事先与白 B 进行过交换，本题中的白棋不可能吃住黑棋。白棋正可以利用这一特点于白 1 断，巧妙地攻击黑棋。

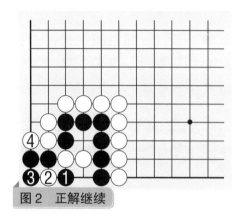

图 2　正解继续

图 2　正解继续

　　黑 1 只好扳，白 2 则扑，其后白 4 打吃可以成立，结果是黑棋净死。

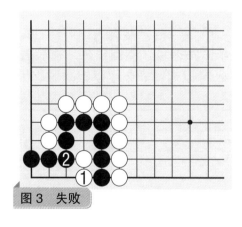

图 3　失败

图 3　失败

　　白 1 下立完全错误，黑 2 连接之后，白棋缺少任何后续手段。实战中如果出现如此重大失误，则很难取得胜利。

问题 101 ▶▶

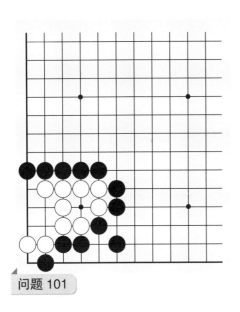

问题 101

黑先。本题中的白棋看似可以净活，但其外侧的气全部被收紧是致命的弱点。请问黑棋如何利用白棋的弱点，给白棋以致命一击？

问题 102 ▶▶

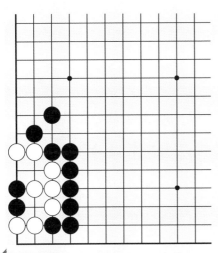

问题 102

黑先。在本题中黑棋是从里侧还是从外侧攻击白棋，是成败的关键。同时还应注意，白棋在角上还有半个眼。请问黑棋应如何选择？

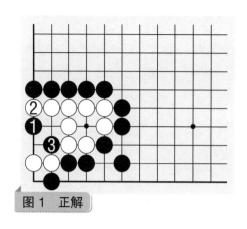

图1 正解

问题101 解说

图1 正解

黑1跳入强攻，白2只好切断，黑3则反断，白棋由于两侧均不入气而不活。

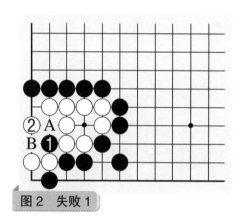

图2 失败1

图2 失败1

黑1断，有时是很有力量的下法，但在本题中白2应是好棋，结果白棋可活。其中白2下在A位或B位，白棋都不活。

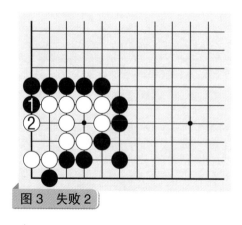

图3 失败2

图3 失败2

黑1单冲与白2交换，只不过是官子行为，黑棋当然失败。

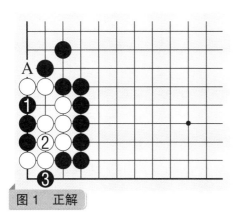

图 1　正解

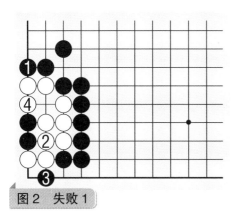

图 2　失败 1

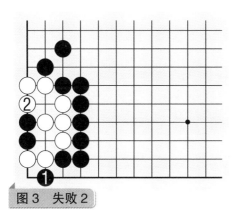

图 3　失败 2

问题 102　解说

图 1　正解

黑 1 从里侧攻击白棋是正确的选择。白 2 时，黑 3 扳，破白棋角上的眼，黑棋可吃住白棋。其中白 2 如下在 3 位，黑棋在 A 位打吃即可。

图 2　失败 1

黑 1 从外侧紧气，但白 2 打之后，黑棋失败。其后黑 3 扳时，白 4 提即可。

图 3　失败 2

黑 1 先扳同样错误，白 2 打吃之后，白棋可以净活。

问题 103 ▶▶

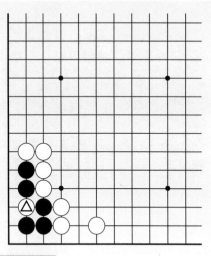

问题 103

白先。本题在实战中或许经常出现。白△一子被黑棋轻松提掉，白棋肯定不答应。本题中的白棋如能利用弃子后对方不入气的弱点，完全可以吃住黑棋。请问白棋应如何选择？

问题 104 ▶▶

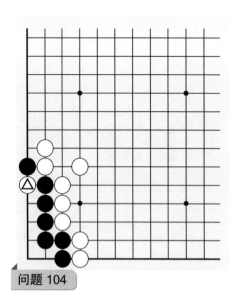

问题 104

白先。本题中白棋如果不正确利用白△一子，黑棋就可能做活。那么请问白棋如何才能吃住黑棋？

问题 103 解说

图 1 正解

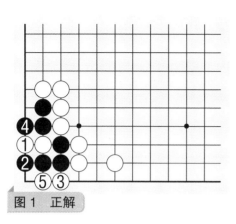

图 1　正解

白 1 下立极其严厉，是巧妙利用弃子的杀法。黑 2 必须应，此时白 3 扳，以下至白 5，黑棋不活。

图 2 失败 1

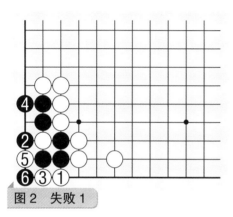

图 2　失败 1

白 1 扳操之过急，是次序错误，而黑 2 提子则是好棋，以下至黑 6，双方下成打劫。其中黑 2 如果下在 3 位，则白棋下在 2 位，黑棋净死。

图 3 失败 2

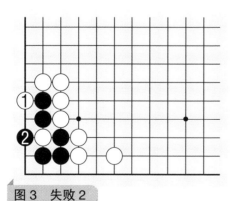

图 3　失败 2

白 1 打，黑 2 提子后，黑棋即可做活。这样的下法在初学者中很容易出现。

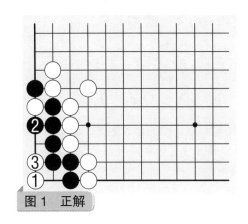

图1　正解

问题104　解说

图1　正解

白1点是严厉的攻击手段，黑棋遭此一击后，已无法做活。黑2时，白3破眼即可。

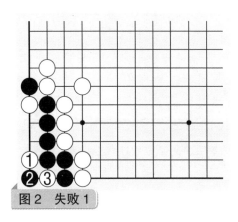

图2　失败1

图2　失败1

白1虽也是一种攻击方法，但黑2可以抵抗，双方下成打劫。

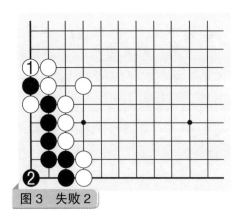

图3　失败2

图3　失败2

白1提黑一子是大错着，此时黑2尖是做活的急所，白棋对此已无计可施。

问题 105 ▶▶

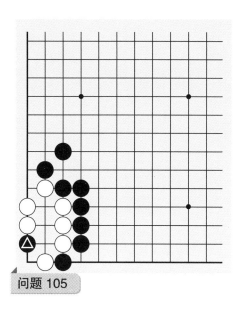

问题 105

黑先。初看本题，黑棋好像不可能吃住白棋，但实际上只要黑棋充分利用黑▲一子即可找到正确的方法。请问黑棋应如何选择？

问题 106 ▶▶

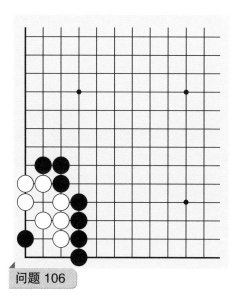

问题 106

黑先。黑棋如果比较温和地攻击白棋，白棋将可舒服地做活。请问黑棋应如何选择？第一手棋是关键。

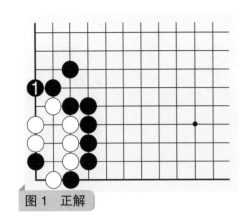

图1 正解

问题 105 解说

图1 正解

黑1下立是攻击白棋的强有力手段，如能发现这手棋，则同时也可说明棋力有了很大的提高。

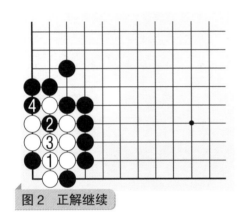

图2 正解继续

图2 正解继续

其后白1如果连接，黑2扑，白3提子，黑4打吃，结果白棋不活。本题的应用范围较广，应该牢记。

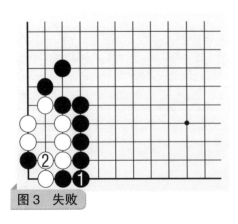

图3 失败

图3 失败

黑1连接只不过是官子下法，白2之后，白棋可以轻松做活。黑1如果下在2位，同样不成功。

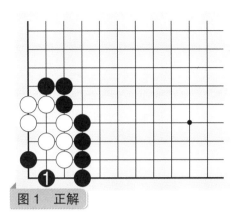

图 1 正解

问题 106 解说

图 1 正解

黑 1 尖是急所，也是对黑棋已有一子的充分利用，这样角上黑棋二子都处于非常关键的位置上。后续变化见图 2。

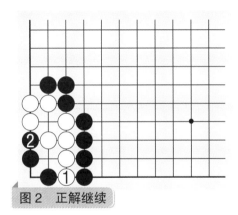

图 2 正解继续

图 2 正解继续

其后白 1 只好切断黑棋，此时黑 2 破眼，白棋由于不入气，因而不活。这就是人们常说的"有眼杀无眼"。

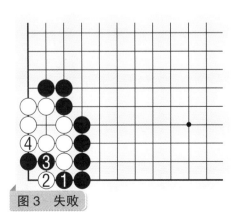

图 3 失败

图 3 失败

黑 1 冲，白 2 挡，黑 3 断，白 4 打吃，结果白棋运用倒扑的手段做活。

问题 107 ▶▶

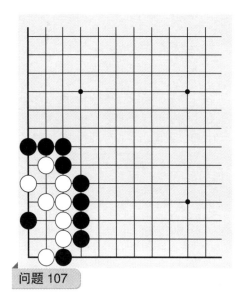

问题 107

黑先。在本题中黑棋只要冷静地思考，即可很轻松地解决问题。那么请问黑棋如何才能吃住白棋？其急所在哪里？

问题 108 ▶▶

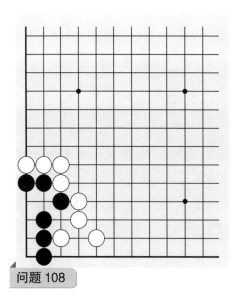

问题 108

白先。白棋如何占据急所，给黑棋致命一击？如果下成打劫，白棋不能满意。

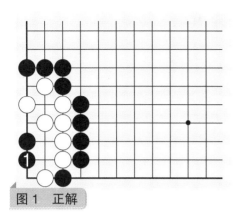

图 1　正解

问题 107　解说

图 1　正解

黑 1 是攻击白棋的唯一急所。此位置如果被白棋占据，黑棋不可能吃住白棋。

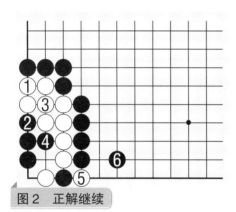

图 2　正解继续

图 2　正解继续

其后白 1 试图团眼，黑 2 先手打后，黑 4 避免双活。白 5 提子，试图最后挣扎，但黑 6 跳，白棋仍无出路。

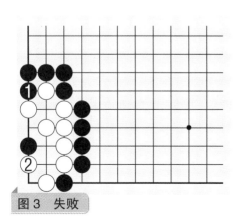

图 3　失败

图 3　失败

黑 1 先打，缺少谋略，白 2 做眼后，白棋已轻松做活。

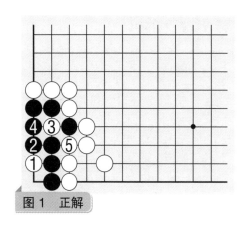

图1 正解

问题 108 解说

图1 正解

白1点是易被疏忽的急所，黑棋对此已无任何抵抗手段。此处也正是我们所说的二路一线急所。黑2时，白3、5是基本的破眼手法。

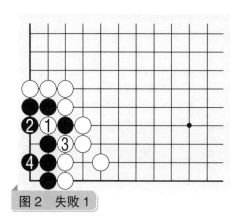

图2 失败1

图2 失败1

白1扑，黑2提子时，白3打，但黑4可顽强做劫，其结果当然不及正解。

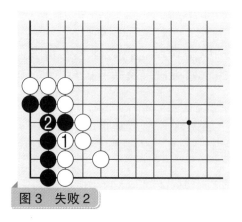

图3 失败2

图3 失败2

白1先手与黑2交换只不过是官子行为，对黑棋的死活毫无影响。如果经常下出这样的棋，就需要反思失败的原因，否则棋力难以提高。

问题 109 ▶▶

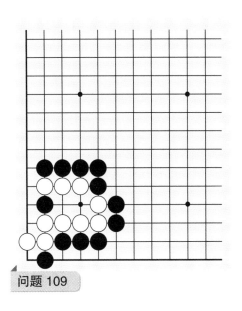

问题 109

黑先。在本题中黑棋如果操之过急，将会给白棋生存的机会。请问黑棋如何才能置白棋于死地？

问题 110 ▶▶

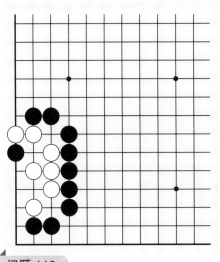

问题 110

黑先。初看本题，好像黑棋至多只能下成双活，但实际上通过计算，即可发现完全可以吃住白棋。请问黑棋应如何选择？

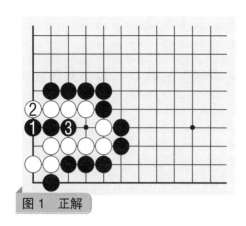

图1 正解

问题109 解说

图1 正解

黑1下立是稳健的好棋，也是攻击白棋的唯一急所。白2如果断，黑3单长，白棋已不活。

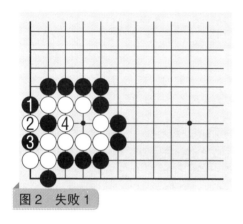

图2 失败1

图2 失败1

黑1扳过，其想法是白棋在4位打吃时，黑棋在2位连接。但现实是白2扑，然后白4吃接不归，白棋安然活出。

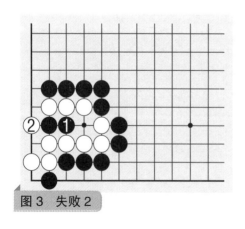

图3 失败2

图3 失败2

黑1是漏失重要次序的轻率之举，白2应后，白棋轻松做活。

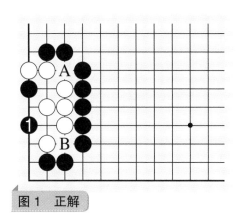

图 1　正解

问题 110　解说

图 1　正解

本题中的白棋存在重大缺陷，即 A 位和 B 位的断头，因此黑 1 点，是对白棋的致命一击。

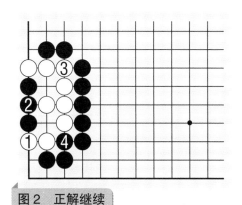

图 2　正解继续

图 2　正解继续

其后白 1 必然断，黑 2 连上，白 3 接一处时，黑 4 断另一处，白棋明显不活。其中白 3 若下在 4 位，则黑 4 断在 3 位，结果一样。

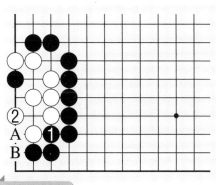

图 3　失败

图 3　失败

黑 1 错误，白 2 做眼，白棋可活；白 2 下在 A 位也行。另外黑 1 如下在 A 位，白 2 位应，黑 B 连接时，白棋在 1 位团，白棋亦活。因此只有正解的下法可行。

问题 111 ▶▶

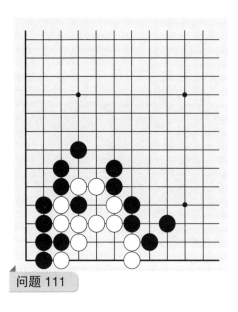

问题 111

黑先。本题中的白棋看似已净活，但黑棋只要利用白棋的一点点缺陷，完全可以置白棋于死地。请问黑棋应如何选择？

问题 112 ▶▶

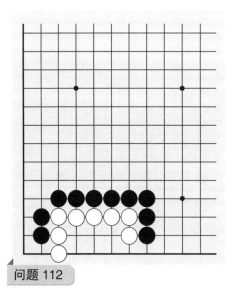

问题 112

黑先。本题中黑棋在攻击白棋时，是优先选择压缩白棋空间，还是选择点眼？如果选择错误，将会遭到白棋的顽强抵抗。

问题 111 解说

图 1 正解

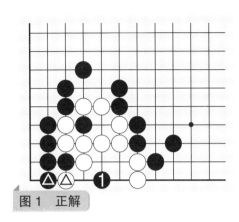

图 1 正解

黑 1 点是极其严厉的手段,白棋对此已无法抵抗。白棋的缺点在于白△和黑△进行过交换。

图 2 正解继续

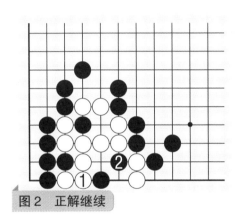

图 2 正解继续

其后白 1 如果连接,黑 2 断又是致命一击。白棋由于两侧都不入气,只好束手就擒。

图 3 失败

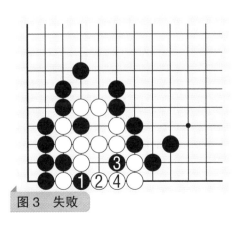

图 3 失败

黑 1 先提与白 2 交换只不过是官子行为,之后黑 3 断时,白 4 即可活棋。

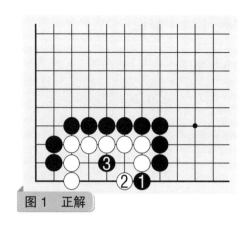

图1 正解

问题 112　解说

图1　正解

黑1先扳，压缩白棋，白2挡时，黑3点是绝妙的次序。白棋是"刀五"的棋形，不活。

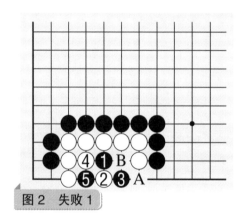

图2　失败1

图2　失败1

黑1先点，势必会遭到白棋的抵抗。白2是好棋，其后黑3、白4、黑5，双方下成打劫。其中黑3如下在4位，白A、黑B之后，黑棋后手双活。

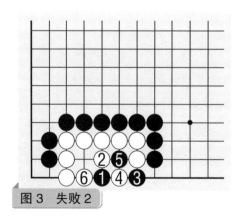

图3　失败2

图3　失败2

本图中的黑1点比图2结果更差。白2是急所，黑3如试图渡过，白4扑，然后白6吃接不归。黑3如下在4位，白棋下在3位，黑棋下在6位，黑棋后手双活。

问题 113 ▶▶

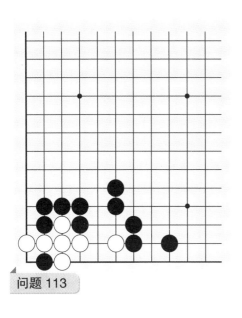

黑先。白棋在角上已确保一只完整的眼，那么黑棋应如何下，才能不让白棋在右侧做成另一只眼？

问题 113

问题 114 ▶▶

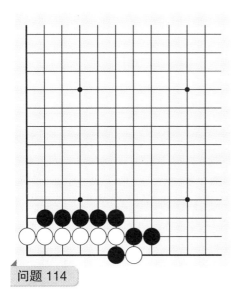

黑先。在本题中黑棋如果站在白棋的立场上来考虑有几种做活的方法，就会找出正确答案。请问黑棋应如何选择？

问题 114

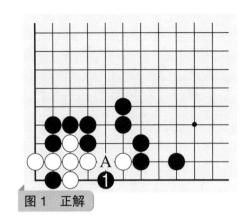

图 1 正解

问题 113 解说

图 1 正解

黑 1 点是急所，也是本题的正解。另外黑 1 下在 A 位也可成立。

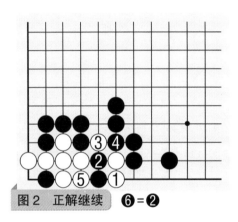

图 2 正解继续 ❻=❷

图 2 正解继续

其后白 1 切断，黑 2 是很好的破眼手段，白 3 时，黑 4 反打，白 5 提，黑 6 扑，结果白棋不活。

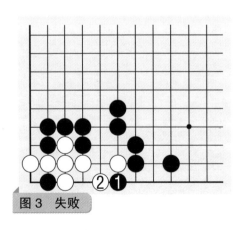

图 3 失败

图 3 失败

黑 1 扳，感觉太差，白 2 挡住，白棋即活。

问题 114　解说

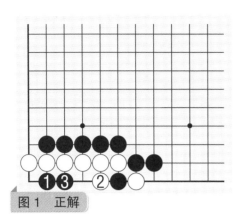

图 1　正解

图 1　正解

黑 1 点是严厉的攻击手段，白棋因此不活。白 2 提子时，黑 3 破眼即可。白 2 如下在 3 位，黑棋当然下在 2 位，白棋同样不活。

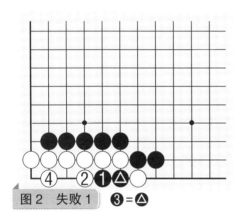

图 2　失败 1　❸ = ▲

图 2　失败 1

黑 1 先爬操之过急，白 2 提子后，黑棋已吃不住白棋。因为白棋在 4 位和▲位居其一即可做活。

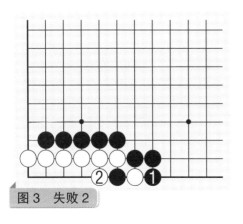

图 3　失败 2

图 3　失败 2

黑 1 提白一子明显缺少攻击的欲望，白 2 挡后，白棋即可轻松做活。

问题 115 ▶▶

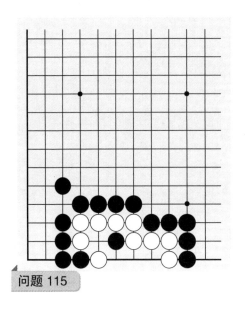

黑先。本题比较简单，黑棋只要避免被白棋倒扑，即可简单吃住白棋。请问黑棋应如何选择？

问题 115

问题 116 ▶▶

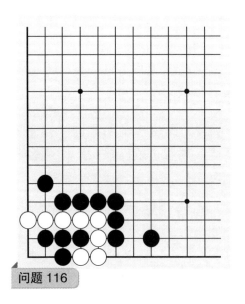

黑先。白棋由于有很多外气，因而黑棋选择有眼杀无眼的下法在本题中不能成立。黑棋如何才能吃住白棋？

问题 116

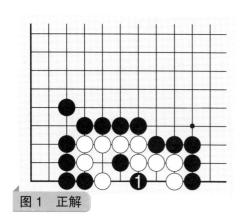

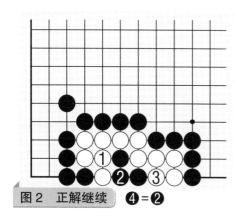

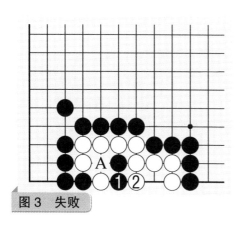

问题 115 解说

图 1 正解

黑 1 是急所，白棋因此不活。

图 1 正解

图 2 正解继续

其后白 1 连接时，黑 2 同样连接，白 3 捉去黑棋三子，黑 4 点，黑棋即可吃住白棋。

图 2 正解继续 ④ = ❷

图 3 失败

黑 1 打吃白一子，其意是希望白 A 位接，然后黑在 2 位破眼，但实际上白棋有白 2 倒扑的下法。

图 3 失败

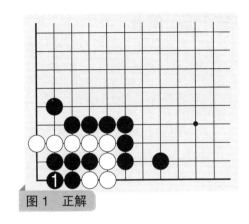

图 1　正解

问题 116　解说

图 1　正解

黑 1 是大家不易考虑到的正解，白棋以后即使吃掉黑棋五子，也不可能活棋。

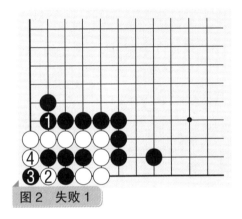

图 2　失败 1

图 2　失败 1

黑 1 先收外气是错误的攻击方法，白 2、4 进行之后，白棋可活。

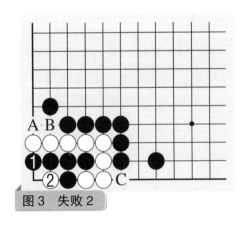

图 3　失败 2

图 3　失败 2

黑 1 在里侧做眼是最坏的攻击方法，白 2 吃即可。实际上，白 2 可不立即应，等黑棋在 A、B、C 任一位置收气时再下也来得及。

问题 117 ▶▶

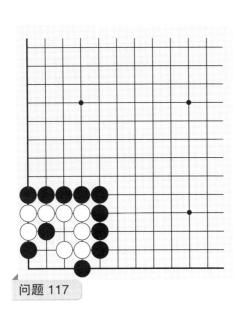

黑先。在本题中黑棋应慎之又慎，否则一旦次序错误，将吃不住白棋。请问黑棋应如何选择？

问题 117

问题 118 ▶▶

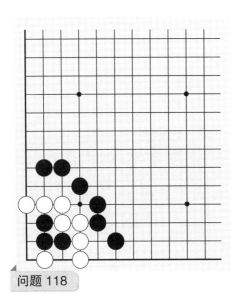

黑先。在本题中，黑棋如能遵循"敌之要点即我之要点"的围棋格言，即不难发现正确的答案。请问黑棋应如何选择？

问题 118

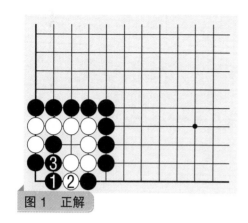

图1 正解

问题 117 解说

图1 正解

黑1是吃白棋的唯一急所，白2如果切断黑棋，黑3连接之后，形成黑棋有眼杀白棋无眼的棋形。

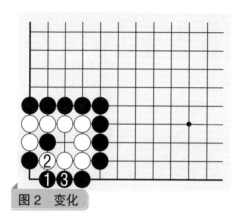

图2 变化

图2 变化

黑1时，白2如果断吃一子，黑3连接，即可简单吃住白棋。

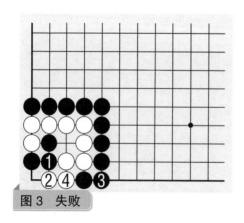

图3 失败

图3 失败

黑1接说明计算能力不足，此时白2扳是急所，以下至白4，双方下成双活。

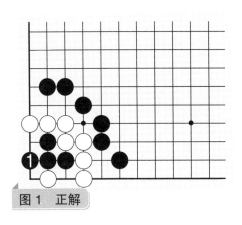

图1　正解

问题 118　解说

图1　正解

　　黑1下立是稳健的攻击方法，也是黑棋吃白棋的唯一途径，结果白棋净死。如果是白棋先下，白棋下在此位即可净活。

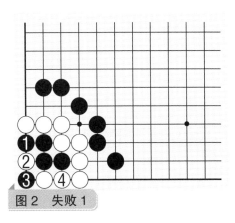

图2　失败1

图2　失败1

　　黑1过于轻率，白2、4进行之后，白棋可活。

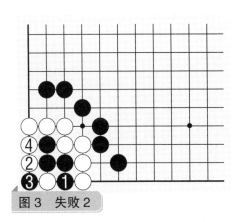

图3　失败2

图3　失败2

　　黑1切断白棋，其效果与图2相同。白2、4进行之后，白棋可活。不过由于白棋外气较多，白2、4不必急着下。

问题 119 ▶▶

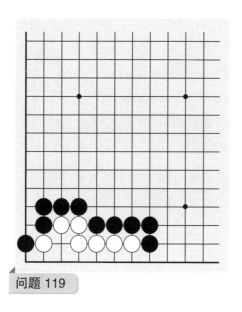

问题 119

黑先。在本题中黑棋稍有不慎，白棋将会顽强地争取活棋。那么黑棋如何才能吃住白棋？

问题 120 ▶▶

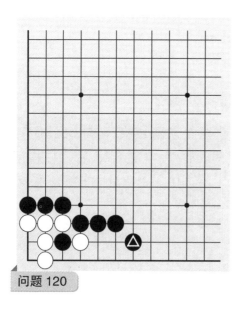

问题 120

黑先。本题有关黑棋的常用破眼手段，黑棋只要能充分利用黑▲一子，完全可以吃住白棋。请问黑棋应如何选择？

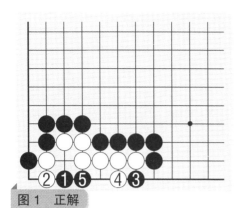

图 1 正解

问题 119 解说

图 1 正解

黑 1 点之后白棋不管如何努力，其生存空间都不够。白 2 后，黑 3、5 破眼，白棋不活。

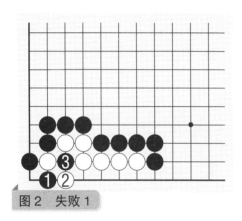

图 2 失败 1

图 2 失败 1

黑 1 打吃，会遭到白 2 的顽强抵抗，黑 3 只能提，这里下成劫杀。

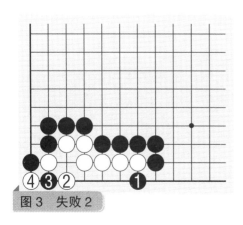

图 3 失败 2

图 3 失败 2

黑 1 扳看似不错，但白棋有白 2 的抵抗手段。白 4 后，双方不仅下成打劫，而且是套劫，即使黑棋劫打赢了，也要多花一手棋。

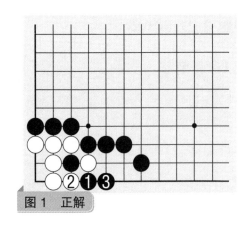

图1　正解

问题120　解说

图1　正解

黑1在一路打吃是破眼的基本方法，白2提子时，黑3退可以成立，白棋当然不活。

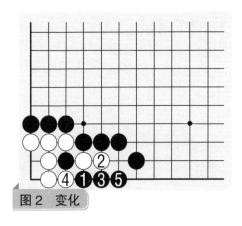

图2　变化

图2　变化

黑1时，白2长对做活没有帮助，黑3、5应对后，白棋仍不活。

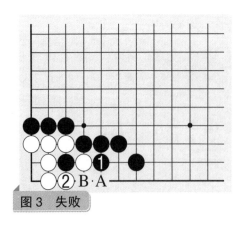

图3　失败

图3　失败

黑1打吃，白2提子，白棋已经活棋。如果黑1在A位跳，白棋在B位应后，结果仍是白棋活。

问题 121 ▶▶

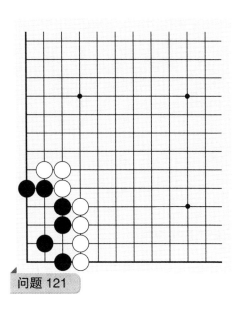

白先。本题如果是实战，不少人可能会进攻失败。请问白棋如何才能吃住黑棋？

问题 121

问题 122 ▶▶

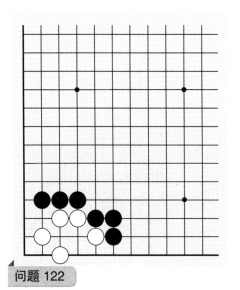

黑先。黑棋应以连贯的"组合拳"来实施打击，其中第一手棋特别重要。请问黑棋应如何选择？

问题 122

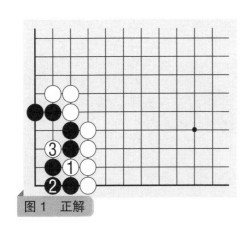

图1 正解

问题121 解说

图1 正解

白1打吃也许是不易考虑到的正解。黑2连接时，白3断打是后续手段，黑棋对此束手无策。

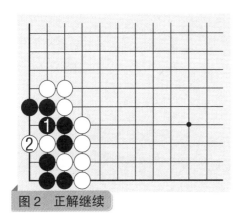

图2 正解继续

图2 正解继续

其后黑1如果连上，白2后可成"金鸡独立"，黑棋上下两侧均不入气。

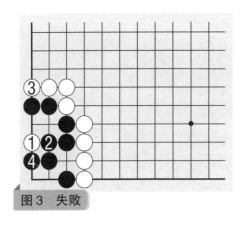

图3 失败

图3 失败

白1点看似棋形上的急所，故而是现实中大家最易犯的错误。黑2应后，白棋缺少后续手段，至黑4，黑棋可活。

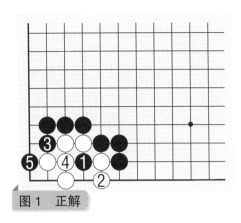

图1 正解

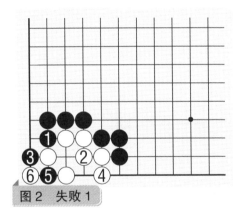

图2 失败1

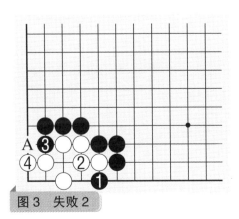

图3 失败2

问题 122 解说

图 1 正解

黑1先断打非常重要，白2被迫下立，接着黑3、5进行后，白棋不活。其中黑3先在5位靠也可成立。

图 2 失败 1

黑1次序有误，白2接是好棋，黑3时，白4做眼，黑5只好扑劫。

图 3 失败 2

黑1打吃，被白2连接后，白棋可净活。其后黑3时，白4或白A应即可。其中黑3如果下在4位，白棋下在A位即可。

问题 123 ▶▶

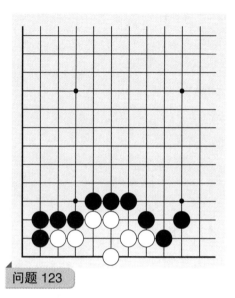

问题 123

黑先。本题是本册书的最后一个问题。黑棋如果行棋次序有误，肯定会招致失败。注意，第一手棋和第三手棋是决定性的。请问黑棋应如何选择？

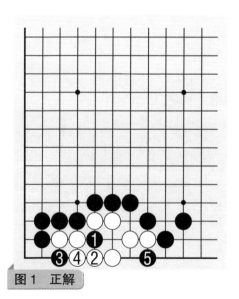

图 1　正解

问题 123　解说

图 1　正解

黑 1 断是严厉的攻击手段，白 2 应时，黑 3 先手与白 4 交换是非常重要的次序，其后黑 5 扳，即可吃住白棋。

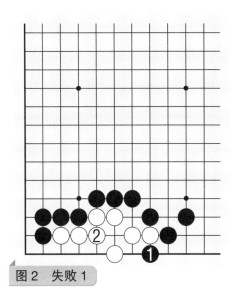

图2　失败1

图 2　失败 1

　　黑 1 扳，在本题中不适用，白 2 是做活的急所，结果黑棋失败。

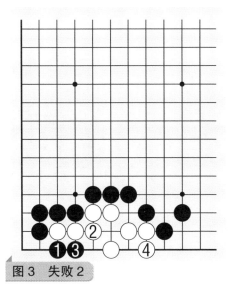

图3　失败2

图 3　失败 2

　　黑 1 从左侧扳同样错误，白 2 仍是要点，黑 3 时，白 4 可做活。其中白 2 如下在 3 位，黑棋在 2 位打吃是先手，那样白棋就活不了了。

曹薰铉、李昌镐精讲围棋系列